BuddhAll

All is Buddha.

BuddhAll.

BuddhAll

BuddhAll

談錫永 譯疏

# 大圓滿直指教授密意

*Rig pa ngo sprod gcer mthong rang grol*

本書說及觀修的密意，為此叢書補充唯說見地的不足。

# 目　錄

# 總序

## 一　說密意

　　本叢書的目的在於表達一些佛家經論的密意。甚麼是密意？即是「意在言外」之意。一切經論都要用言說和文字來表達，這些言說和文字只是表達的工具，並不能如實表出佛陀說經、菩薩造論的真實意，讀者若僅依言說和文字來理解經論，所得的便只是一己的理解，必須在言說與文字之外，知其真實，才能通達經論。

　　《入楞伽經》有偈頌言──

　　　　由於其中有分別　　名身句身與文身
　　　　凡愚於此成計着　　猶如大象溺深泥[1]

　　這即是說若依名身、句身、文身來理解經論，便落於虛妄分別，由是失去經論的密意、失去佛與菩薩的真實說。所以在《大涅槃經》中，佛說「四依」（依法不依人、依義不依語、依智不依識、依了義不依不了義），都是依真實而不依虛妄分別，其中的「依義不依語」，正說明讀經論須依密意而非依言說文字作理解。佛將這一點看得很嚴重，在經中更有頌言──

---

1　依拙譯《入楞伽經梵本新譯》，第二品，頌172。台北：全佛文化，2005。下引同。

> 彼隨語言作分別　　即於法性作增益
> 以其有所增益故　　其人當墮入地獄[2]

　　這個頌便是告誡學佛的人不應依言說而誹謗密意，所以在經中便有如下一段經文——

> 世尊告言：大慧，三世如來應正等覺有兩種教法義（dharma-naya），是為言說教法（deśanā-naya）、自證建立教法（siddhānta-pratyavasthāna-naya）。
>
> 云何為言說教法之方便？大慧，隨順有情心及信解，為積集種種資糧而教導經典。云何為觀修者離心所見分別之自證教法？此為自證殊勝趣境，不墮一異、俱有、俱非；離心意意識；不落理量、不落言詮；此非墮入有無二邊之外道二乘由識觀可得嚐其法味。如是我說為自證。[3]

　　由此可知佛的密意，即是由佛內自證所建立的教法，只不過用言說來表達而已。如來藏即是同樣的建立，如來法身不可思議、不可見聞，由是用分別心所能認知的，便只是如來法身上隨緣自顯現的識境。所以，如來法身等同自證建立教法，顯現出來的識境等同言說教法，能認知經論的密意，即如認知如來法身，若唯落於言說，那便是用「識觀」來作分別，那便是對法性作增益，增益一些識境的名言句義於法性上，那便是對佛密意的誹謗、對法性的損害。

　　這樣，我們便知道理解佛家經論密意的重要，若依文解字，便是將識境的虛妄分別，加於無分別的佛內自證智境上，

---

2　同上，第三品，頌34。
3　同上，第三品，頁151。

將智境增益名言句義而成分別，所以佛才會將依言說作分別看得這麼嚴重。

## 二 智識雙運

由上所說，我們讀經論的態度便是不落名言而知其密意，在這裡強調的是不落名言，而不是摒除名言，因為若將所有名言都去除，那便等於不讀經論。根據言說而不落言說，由是悟入經論的密意，那便是如來藏的智識雙運，亦即是文殊師利菩薩所傳的不二法門。

我們簡單一點來說智識雙運。

佛內自證智境界，名為如來法身。這裡雖說為「身」，其實只是一個境界，並非有如識境將身看成是個體。這個境界，是佛內自證的智境，所以用識境的概念根本無法認知，因此才不可見、不可聞，在《金剛經》中有偈頌說──

若以色見我　以音聲求我
是人行邪道　不能見如來

色與音聲都是識境中的顯現，若以此求見如來的法身、求見如來的佛內智境，那便是將如來的智境增益名言，是故稱為邪道。

如來法身不可見，因為遍離識境。所以說如來法身唯藉依於法身的識境而成顯現，這即是依於智識雙運而成顯現。經論的密意有如如來法身，不成顯現，唯藉依於密意的言說而成顯現，這亦是依於智識雙運而成顯現。如果唯落於言說，那便有如「以色見我，以音聲求我」，當然不能見到智境，不能見

到經論的密意。不遣除言說而見密意，那便是由智識雙運而見，這在《金剛經》中亦有一頌言（義淨譯）──

> 應觀佛法性　即導師法身
> 法性非所識　故彼不能了

　　是即不離法性以見如來法身（導師法身），若唯落識境（言說），即便不能了知法性。所謂不離法性而見，便即是由智識雙運的境界而見，這亦即是不二法門的密意，雜染的法與清淨的法性不二，是即於智識雙運的境界中法與法性不二。

　　然而，智識雙運的境界，亦即是如來藏的境界，筆者常將此境界比喻為螢光屏及屏上的影像，螢光屏比喻為如來法身，即是智境；法身上有識境隨緣自顯現，可比喻為螢光屏上的影像，即是識境。我們看螢光屏上的影像時，若知有螢光屏的存在，那便知道識境不離智境而成顯現（影像不離螢光屏而成顯現），因此無須離開影像來見螢光屏（無須離開言說來見密意），只須知道螢光屏唯藉影像而成顯現（密意唯藉言說而成顯現），那便可以認識螢光屏（認識經論的密意）。這便即是「應觀佛法性，即導師法身」，也即是「四依」中的「依義不依語」、「依智不依識」、「依了義不依不了義」。

　　簡單一點來說，這便即是「言說與密意雙運」，因此若不識如來藏，不知智識雙運，那便不知經論的密意。


## 三　略說如來藏

　　欲知佛的密意須識如來藏，佛的密意其實亦說為如來藏。支那內學院的學者呂澂先生，在〈入楞伽經講記〉中說──

此經待問而說，開演自證心地法門，即就眾生與佛共同心地為言也。

自證者，謂此心地乃佛親切契合而後說，非臆測推想之言。所以說此法門者，乃佛立教之本源，眾生入道之依處。[4]

由此可見他實知《入楞伽經》的密意。其後更說 ——

四門所入，歸於一趣，即如來藏。佛學而與佛無關，何貴此學，故四門所趣必至於如來藏，此義極為重要。[5]

所謂「四門」，即《入楞伽經》所說的「八識」、「五法」、「三自性」及「二無我」，呂澂認為這四門必須歸趣入如來藏，否則即非佛學，因此他說 ——

如來藏義，非楞伽獨倡，自佛說法以來，無處不說，無經不載，但以異門立說，所謂空、無生、無二、以及無自性相，如是等名，與如來藏義原無差別。[6]

佛說法無處不說如來藏、無經不載如來藏，那便是一切經的密意、依內自證智而說的密意；由種種法異門來說，如說空、無生等，那便是言說教法，由是所說四門實以如來藏為密意，四門只是言說。

呂澂如是說四門——

---

4　《呂澂佛學論著選集》卷二，頁 1217，齊魯書社，1991。下引同。

5　同上，頁 1261。

6　同上。

前之四法門亦皆說如來藏,何以言之?八識歸於無生,五法極至無二,三性歸於無性,二空歸於空性,是皆以異門說如來藏也。

這樣,四門實在已經包括一切經論,由是可知無論經論由那一門來立說,都不脫離如來藏的範限。現在且一說如來藏的大意。

認識如來藏,可以分成次第 ——

一、 將阿賴耶識定義為雜染的心性,將如來藏定義為清淨的心性,這樣來理解便十分簡單,可以說心受雜染即成阿賴耶識,心識清淨即成如來藏心。

二、 深一層次來認識,便可以說心性本來光明清淨,由於受客塵所染,由是成為虛妄分別心,這本淨而受染的心性,便即是如來藏藏識。本來清淨光明的心性,可以稱為如來藏智境,亦可以稱為佛性。

三、 如來藏智境實在是一切諸佛內自證智境界,施設名言為如來法身。如來法身不可見,唯藉識境而成顯現。這樣,藉識境而成顯現的佛內自證智境便名為如來藏。

關於第三個次第的認識,可以詳說 ——

如來法身唯藉識境而成顯現,這個說法,還有密意。一切情器世間,實在不能脫離智境而顯現,因為他們都要依賴如來法身的功能,這功能說為如來法身功德。所以正確地說,應

該說為：如來法身上有識境隨緣自顯現。當這樣說時，便已經有兩重密意：一、如來法身有如來法身功德；二、識境雖有如來法身功德令其得以顯現，可是還要「隨緣」，亦即是隨着因緣而成顯現，此顯現既為識境，所依處則為如來法身智境，兩種境界雙運，便可以稱為「智識雙運界」。

甚麼是「雙運」？這可以比喻為手，手有手背與手掌，二者不相同，可是卻不能異離，在名言上，即說二者為「不一不異」，他們的狀態便稱為雙運。

如來法身智境上有識境隨緣自顯現，智境與識境二者不相同，可是亦不能異離，沒有一個識境可以離如來法身功德而成立，所以，便不能離如來法身而成立，因此便說為二者雙運，這即是智識雙運。

如來法身到底有甚麼功能令識境成立呢？第一、是具足周遍一切界的生機，若無生機，沒有識境可以生起，這便稱為「現分」；第二、是令一切顯現能有差別，兩個人，絕不相同，兩株樹，亦可以令人分別出來。識境具有如是差別，便是如來法身的功能，稱為「明分」，所謂「明」，即是能令人了別，了了分明。

智境有這樣的功能，識境亦有它自己的功能，那便是「隨緣」。「隨緣」的意思是依隨着緣起而成顯現。這裡所說的緣起，不是一般所說的「因緣和合」。今人說「因緣和合」，只是說一間房屋由磚瓦木石砌成；一隻茶杯由泥土瓷釉經工人燒製而成，如是等等。這裡說的是甚深緣起，名為「相礙緣起」，相礙便是條件與局限，一切事物成立，都要適應相礙，例如我們這個世間，呼吸的空氣，自然界的風雷雨電，如是等等都要適應。尤其是對時空的適應，我們是三度空間的生命，所以

我們必須成為立體，然後才能夠在這世間顯現。這重緣起，說為甚深秘密，輕易不肯宣說，因為在古時候一般人很難瞭解，不過對現代人來說，這緣起便不應該是甚麼秘密了。

這樣來認識如來藏，便同時認識了智識雙運界，二者可以說為同義。於說智識雙運時，其實已經表達了文殊師利法門的「不二」。


## 四　結語

上來已經簡略說明密意、智識雙運與如來藏，同時亦據呂澂先生的觀點，說明「無經不載如來藏」，因此凡不是正面說如來藏的經論，都有如來藏為密意。也即是說，經論可以用法異門為言說來表達，但所表達的密意唯是如來藏（亦可以說為唯是不二法門），因此我們在讀佛典時，便應該透過法異門言說，來理解如來藏這個密意。

例如說空性，怎樣才是空性的究竟呢？如果認識如來藏，就可以這樣理解：一切識境實在以如來法身為基，藉此基上的功能而隨緣自顯現，顯現為「有」，是即說為「緣起」，緣起的意思是依緣生起，所以成為有而不是成為空。那麼，為甚麼又說「性空」呢？那是依如來法身基而說為空，因為釋迦將如來法身說為空性，比喻為虛空，還特別聲明，如來法身只能用虛空作為比喻，其餘比喻都是邪說，這樣一來，如來法身基（名為「本始基」）便是空性基，因此在其上顯現的一切識境，便只能是空性。此如以水為基的月影，只能是水性；以鏡為基的鏡影，只能是鏡性。能這樣理解性空，即是依如來藏密意而成究竟。

　　以此為例，即知凡說法異門實都歸趣如來藏，若不依如來藏來理解，便失去密意。因此，本叢書即依如來藏來解釋一些經論，令讀者知經論的密意。這樣來解釋經論，可以說是一個嘗試，因為這等於是用離言來解釋言說，實在並不容易。這嘗試未必成功，希望讀者能給予寶貴意見，以便改進。

談錫永

2011年5月19日七十七歲生日

導

論

# 導論

## 一、關於《大圓滿直指教授》

筆者編著《離言叢書》，覺得有一個缺點，那就是沒有說及觀修的密意，所說實以見地為主，因此決定將蓮花生大士所造的《大圓滿直指教授》收入本叢書之內，依觀修而說其密意，補充唯說見地的不足。

《大圓滿直指教授》原名《藉見赤裸覺性得自解脫》（*Rig pa ngo sprod gcer mthong rang grol*），所說實為入無學道的觀修，在教法上屬於正行。關於這點，尚須一說。

甯瑪派所傳的全部觀修法門，都屬於加行法（sbyor ba），分為外、內、密、密密四個層次。四部加行法都有儀軌，可以作為觀修時的依止，至於正行法則無儀軌建立，上師教授弟子，唯作「直指教授」。所謂「直指」，那便有如禪宗的以指指月，學人因其所指，得以見月，其所見實為自見，並不依於他力，他力只能「指」，亦即是只能導引，並不能令學人依循教法而見。所以甯瑪派很強調自證悟，這便有如漢土的禪宗。

如今說甯瑪派大圓滿教法的人，往往將立斷（且卻，khregs chod）與頓超（妥噶，thod rgal）視為大圓滿的正行法，學人對這兩門教法非常嚮往，以為是大圓滿法的究竟，實不知此亦僅為加行法，那便忽略了正行的直指教授。由本篇題目便應該知道，所謂正行，便是得見「赤裸覺性」，得此覺性即得自解脫（非由他力而解脫）。所謂「赤裸覺性」，便是遠離世間一切名言句義而覺，得離名言句義便是「赤裸」，由此

「赤裸」，便得離一切戲論入無分別，這才是觀修的第一義。本篇所說，是即指引行人，如何以觀修為基礎，然後入無修的境界，得以離名言句義而覺。當這樣時，那便是《入楞伽經》所說的「唯心所自見」。「唯心」而見，便不是依名言概念而見，其見為「自見」，那便是脫離一切宗義的教授而見，於此時際，更無唯識、法相、中觀種種宗義建立（至於大中觀，其實本無宗義）。

於讀本篇時，讀者須遠離言說來體會其密意，倘若唯依名言來得到一些概念（句義），那便辜負了蓮花生大士之所說。正因為這樣，所以筆者於譯本篇時，便不依頌文體裁來繙譯，將頌文譯為白話長行，這有兩個好處，一個是簡化了複雜的名言，一個是能像跟上師對話一般，聆聽上師之所說。這樣，通篇頌文便有如平易的指導，讀者由是易於離言。離言是讀者很須要留意的要害，甚至對筆者的註疏，亦不能依言說來理解，一切言說只是「指」，讀者要見到的是「月」。

本篇結構。

蓮花生大士說，這篇直指教授不分序分、正分、後分。為甚麼呢？因為序分實在已經牽涉到正分和後分，同樣，正分和後分亦統攝三分，所以三者無可分別。然而為了研讀方便，筆者覺得仍須一說其結構，令讀者在理解本篇時有一個系統。當然，這系統亦只是概念，若為系統所縛，便很容易落於言說，由此失去直指的本意，所以讀者須依系統而無系統，才能澈底理解蓮師之所說。

下來筆者仍按傳規，將本論分為序分、正分、後分等三分。

在**序分**中，論主先說「標題」，然後「敬禮」本覺，此本覺亦即三身佛陀。說本覺為三身佛陀，這其實已經是直指教授，因為若能知離戲論、無分別的本覺即是三身佛陀無分別境界，那便不會誹謗如來藏，因為如來藏便是法、報、化三身的智識雙運境界，這正就是本覺的覺境。蓮師在這裏敬禮本覺，可以說是敬禮如來藏，亦可以說是無上敬禮。[1]

接著的述意，說為：「此即是直指一己覺性的如實教授」，那就說明所直指的是「覺性」，是即說明本篇的旨趣。

接著是序分中最重要的一分：直指。論主說：「是故此直指的目的，即為引導你體認心性的本來面目」，這便同於漢土禪宗之所說。論主又說：「但除覺悟此本性外，佛未曾說餘外之法」，這便將心性引入本性，因為心性其實亦是「法」，一切法都是自性本性，心性當然不能例外。行者於起本覺時（於離名言句義而覺時），即能覺此本性，那便是現證如來藏、現證不二法門，在甯瑪派是由觀修大圓滿而得現證，大圓滿道可以說是現證本覺的路徑。

讀本篇的序分，便應對「直指」有所理解，同時亦能明白何謂「無修」，無修並不是摒棄觀修，只是不持任何宗見而修，依唯識要摒棄「唯識無境」、依中觀要摒棄「緣生性空」等立足於世俗的宗義，若依瑜伽行，須體會「法相」的真實義，此須由「任運圓成」來理解，也可以說，是須依大中觀的相礙緣起來理解，能理解時，則一切法無非只是如來法身上的隨緣自顯現。假如依然依唯識見來理解法相，那便又落入「唯識無境」的層次。

---

1　敦珠法王在解說本論時，特別強調「無上」，「無上」即是法、報、化三身三無分別的境界。

　　在**正分**中，分為「內覺性」與「外顯現」二大分。「內覺性」一分，是直指行人如何出離世俗的名言句義，由是得依本覺而覺，此譬如離開「甜」的概念來覺受糖的味道，於此時，即能離戲論入無分別，此譬如覺受糖味如是，更不分別是那一種原料的甜。「外顯現」一分，則說依本覺而見現象。所以兩分比較，對內覺性的直指更為重要，若內覺性已見本來面目，已見一切法自性本性空，則很容易依內覺性而得外顯現的直指。

　　「內覺性」一分，先說「心性」與「心相」。

　　「心性」即是法性，亦即是法界，亦即是如來法身，這是佛家的究竟義。論主因此說：「**以無二的真實義而言，把界與心分開即墮入邊見**」，又說：「**不把此二者相融成為無二，即肯定不能趣入佛道**」。在這裡，「界」亦可以說即是「本始基」（以如來法身為顯現基）。

　　「心相」即是一切法自顯現相。所以論主說：「**覺性的火花一閃，我們即稱之為心**」，於一切法自顯現時，能見心相顯現便即是「覺」，所以「心相」便即是「**覺性的火花一閃**」。由於對一切法顯現的理解不同，所以便有種種名相，這些名相其實都依心相而建立。此如凡夫依自己的心相建立自己為「我」，外道則依自己的心相，說凡夫的「我」名為「梵我」，聲聞眾將這個「我」說為「無我法」，唯識家則說之為「識」，這便是一個例子。

　　佛依種種法異門替凡夫建立觀修境界，依種種根器不同的心相，便亦有種種名相建立，如般若波羅蜜多、如來藏、大手印、唯一明點、法界、阿賴耶、平常心等。這些名相其實說

的是同一境界，只不過當依法異門來建立時名相便不同而已。

　　若融合「心性」與「心相」二者來理解，便依然是說：以如來法身為基，依如來法身功德（功能），有種種識境隨緣自顯現，一切顯現以如來法身本性為自性，一切顯現依任運圓成為自相，此即為「心性」、「心相」。

　　由對心性、心相的理解，便可以決定事物的真實境界，「其非恆常，但卻非一切法所生起」，這便是非常非斷。心性境界與事物的真實境界不一不異，因為同樣含攝法、報、化三身，依此決定即能「制心」，制心便是「心性休息」，從而得到「心性自解脫」。

　　於「制心」後，更說「心喻」、「修心」與「觀心」。於「心喻」中，心性喻為虛空，喻為長河，一切法自顯現喻為鏡影。依此「修心」，便知不能給心性定義為任何自性，一落定義，所見的便只是定義出來的心性，此如「唯識無境」的「識」，「一切唯心造」的「心」。若知心性只是如來法身本性，連施設其本性為空性的空都不是，這才可以理解心相為自顯現，因此只有修持相、行持相、誓句相、證果相，不能說有由修持而得的心性、由行持而得的心性、由誓句而得的心性、由證果而得的心性。倘若將心性與心相混淆，那便終生不得入究竟法門。能如是修心，即可以觀心，決定「由於你自己的覺性光明清淨如虛空，這便即是法身了」，此即由觀心而現證法身。所以心喻、修心與觀心，實在三無分別，非由次第而得證悟，三者必須同時悟入。

　　本論接著說本覺，這是說行者在生起決定時，容易陷入

種種過失，是即顛倒。例如認為現證的清淨光明由覺性生起，實則，當行者生起本覺時，清淨光明自然生起，生起本覺可以說是生起自性光明的條件，但自性光明卻實非由本覺所生。最後的結論是，「縱使它（如來法身）即具在於你的身內，可是你卻老是想往別的地方去尋找」，這是一般行人的顛倒，因此他們才會落於種種宗義，依宗義見來找尋如來法身。其實一切宗義都只是識境中的言說，若企圖由言說來現證法身，便如《金剛經》所說，欲以色見如來，欲以音聲求如來，是即為邪道。

辨別本覺與悟入本覺，應知見、修、行、果的究竟，所以本論即說此四究竟，此即本論所說的四乘：「無謬誤見地的大乘」、「無謬誤修持的大乘」、「無謬誤行持的大乘」、「無謬誤證果的大乘」。依四乘義即可為行者建立四金剛橛：「無變見地的大橛」、「無變修持的大橛」、「無變行持的大橛」、「無變證果的大橛」。

「本覺」、「究竟」、「四乘」、「四橛」等四個論題，實相連相依，四者亦無可分別，行者須同時現證，不分次第。

論頌接著說「一時」，是即指示「三時如一」的秘密教授，在道名言上說為「無時」，又或說為「四時」。無時的心境界，論頌說為「只讓心停留如無雲晴空相」，這裡說的「停留」，亦可以說為「住入」，但實際的狀態是，無所住而住，具體來說，即如論頌所言，「無修無整，你且用赤裸裸的覺性來觀察任何事物」，這時便進入《入楞伽經》所說的「唯心所自見」的境界。這裡順便說一句，「唯心所自見」，是唯「心

所自見」，而不是「唯心」所自見，前者是本覺流露的境界，後者則相當於「一切唯心造」。

依心住無雲晴空相，亦即依心住無時，即可以說「無見」、「無修」、「無行」、「無果」。

無見是去除生、滅、垢、淨、增、減六種邊見，於《心經》即說為不生、不滅、不垢、不淨、不增、不減。去除六種邊見的心，即是根本覺性顯露，亦可以說是證自然智。

無修即是去除能修與所修二邊，修者本來已具足如來法身，是故即無所修，亦可以說修無所得，入「無作平等三摩地」。

無行是知無能行與所行，於是「一切法不立不破，任其如是而不作形容」，這亦是行持三十七菩提分（三十七道品）的要訣。倘有作意，或有形容，行持必然落邊，許多行人作意追求神通而無所得，於止觀定境中亦無所見，那便是由於作意於破立，是故修四神足即無所得。

無果，是由於「心性即本具覺性，亦即法爾圓滿的三身」，既然三身圓滿，是即無果可得，行人證覺，可以說只是本具的三身顯露，並非新得。若說為新得，那麼，三身究竟是在外在內呢？《楞嚴經》中釋迦為阿難「七處徵心」而無所得，心並不住於七處，是即說明如來法身本住於心，心則周遍法界，阿賴耶識唯住世間，心法性則無住無不住，於世俗即隨緣而住。

由上來所說，即可歸結成究竟「中道」。論頌說為離八邊際，是即不生不滅、不常不斷、不一不異、不來不去。離八邊際不能由唯識證得，亦不能由中觀的緣起證得，只是心證俱

生智（自然智）的法爾狀態，亦即證入如來法身的狀態，所以論頌說：「**既然空性（法身）充滿此心即是根本覺性，則此便名為如來藏**」，還不只這樣，此境界還可以說是般若波羅蜜多、大手印、阿賴耶、平常心，如是種種，只是俱生覺性的真實義。俱生覺性顯露即入大中道。

依大中道，便可遮遣外求。

至此，論頌說「內覺性」畢。

現在說**正分**中「外顯現」一分。

依本覺而覺受顯現，是即真實顯現相。本覺既然離開名言、句義與宗義，所以外顯現便是「唯心所自見」的真實。

在說「顯現」時，論頌舉了一個鴉影的例，現在且把這例子詮釋一下。一頭烏鴉伏在井闌邊，於是井中生起一個鴉影，這便是顯現。當烏鴉飛走時，鴉影消失，這同樣是顯現。如果把它看成是鴉影的生滅，那便失去實相。當烏鴉再飛回來時，執生滅相的人會說：鴉影又顯現了。他不知道，烏鴉再回頭所顯現的鴉影，其實已經不是原來的鴉影。

不將鴉影看成生滅，那便是本覺的「唯心所自見」；看成是生滅相，只是依概念而見，或者說是依世人的生活經驗來見。由這個例，便知道對「顯現」的直指密意。二者的區別在於：依本覺而見顯現，一切法的顯現便都是自顯現自解脫。若依概念而見，便是由概念生起顯現相，是故種種顯現轉成一個境界，例如鴉影生、鴉影滅、鴉影再生，這樣的相續便是由心轉起的境界，人便困在種種心的境界中，為顯現所縛，不得解脫。

由是論頌作出決定：首先，一切法的顯現「**由心生起，亦於心中解脫**」。這裏說的心，是心法性的心，不是凡夫落於概念的心性。由心法性見顯現，是「**自然智的現量光明**」，所以「**決定一切即是法性**」，法性的存在「**即是萬象的存在**」。

論頌接著說顯現的「**差別**」。當落於名言概念來覺受顯現時，很難擺脫事物的差別相，分明見到花開花落，怎能不由這差別生起心的境界呢？這便是習慣於「以心轉境」了。日本人很受櫻花的影響，櫻花燦爛，卻轉眼落花滿庭，於是便有人生苦短的心境，這樣便造成對武士道的追求。再由武士道衍生成軍國主義，其實只是一重一重心境的轉化。所以說「**六道有情所見，都基於他們的業力**」，倘如日本盛開的不是櫻花，而是生命力長久的梅花，他們的人生觀便會不一樣，這便是業力。

最後論頌作出決定，見顯現的差別，是由於「**當其內心現流有所改變時，即將有顯現生起，但卻覺察為外在的變易**」。若由本覺而見顯現，則不受業力牽引。

由顯現差別，可以決定：「**有許多考察事物的不同方法，亦有許多不同的詮釋。由於你執著於此種種差別，於是便成過失**」。如實而言，「**一切法的顯現無非只是心的現象**」。行者即使覺得一切法的顯現實由心生起，只須對此不起執著（例如不執著「唯識無境」、「唯心所自見」），便已能入佛道。頌文接著舉了許多現象的顯現差別，說明一一都是心的現象，讀者可以參考。由此可幫助你理解差別與無差別。

最後頌文說「赤裸」，頌文雖長，其實可以歸結為兩句。

第一句是：「因有無礙的心性，是故顯現即相續生起，如海洋中的波與水，它們實為無二無別，是故一切所生，都於心的自然境界中解脫」。波即是水，所以一切法的自顯現，無論何種差別相，都只是如來法身上的自顯現（一切法自顯現喻為波，如來法身喻為水）。這便是決定離言而見顯現與差別，所以說是赤裸。

第二句是：「即使有所作存在，仍然無能作者作為媒介的覺性，即使沒有任何內在的本性，證悟便是真實的證悟，若能如此修持，那麼一切法都將解脫」。這是說一切法的顯現無能作者；對一切法的真實證悟，不須要由其本性而覺。

非由其本性而覺，並不是說沒有本性，只是行者不須先現證其本性。這是很實在的說法，因為一切法的本性都是如來法身性，行者沒可能先現證如來法身，然後才現證一切法的顯現，如若不然便成顛倒。因其實在，是即赤裸。若依宗義來說如來法身性，然後依此來說顯現，這便有如滿身珠翠錦繡，雖然眩人眼目，但卻誤入岐途，無法認識本來面目。

最後是**後分**，重申本論為「《藉見赤裸覺性得自解脫》作為對一己根本覺性的直接指示」，亦為「對真實根本覺性或當下顯現境界之教授」，涵蓋密續、教授與口訣，是故讀者對之應加珍重。

## 二、關於《心經頌釋》

　　蓮花生大士的《直指教授》，依究竟而言，可以說是修入無學道的寂止，所以在依其教法來作抉擇與決定時，行者至少亦須已入見道（初地），若依中觀宗的說法，那便是已然現證般若波羅蜜多，依瑜伽行派的說法，那便是已然觸證真如。筆者的《心經頌釋》，恰好便能補足蓮師所未說的前行法。

　　這篇《頌釋》，是筆者在西元二千又二年（歲次壬午）閉關時所造。說起來，這件事還有一點因緣。在此之前，筆者曾囑咐三位弟子分別試譯三篇印度論師的《心經》釋論，即是無垢友尊者的《聖般若波羅蜜多心經廣釋》、阿底峽尊者的《心經無垢友廣釋疏》及吉祥獅子的《心經密咒道釋》，他們的譯稿於筆者閉關時交來。筆者對他們的繙譯未能滿意，於是在關課之餘修訂重譯，由是筆者生起住入《心經》內義與究竟義的心理狀態，復持此心理狀態依次第觀修《吉尊心髓》，每修下座，都有特殊的覺受，於是筆者又於關課之餘，入覺受境界造此《頌釋》。當時下筆如飛，全部論頌不須修改，寫時且能大致押韻，這便是證量流出的境界。

　　本論結構，依外義、內義、密義的次第，這也是筆者在關中觀修的次第。**外義**可以看成是基續、**內義**可以看成是道續、**密義**可以看成是果續。

　　先說**外義**。

　　外義先依外境作觀，寂止於外境，然後觀察外境，其後觀察內識，決定心性；復次內外相融而觀，行者由此得現證資糧道，這是依彌勒瑜伽行的觀修。在這層次，並未止觀雙運，

亦不須雙運，所以觀修便有所得，而且由於未圓成雙運道，所以見地上雖說內識外境都無分別，其實寂止行相還有外境與內識分別相，是故說行者唯能得福德、智慧二種資糧。

外境即是五蘊、十二處、十八界，於中「法界」可以除外，因為行者還未到觀察法界的層次。餘外則作性與相的觀察，觀察時，用龍樹的「緣生性空」為抉擇與決定。但須注意，這並不是認為：「因為緣生，是故決定性空；因為性空，是故可以緣生」，而是依四重緣起來作抉擇與決定，關於四重緣起，筆者已於其他的論著中多次反覆說及，此處不贅。

大致上來說，當抉擇業因緣起時，先建立外境由業因生起（成立「業因有」），然後抉擇業因緣起，於用相依緣起來超越業因時（如用「唯識無境」來超越「因緣和合」），便可決定，一切外境實由與心識相依而成為有，所以是「相依有」，此時，便可以說「業因有」無自性空。如是重重抉擇：由「相對有」決定「相依有」空；由「相礙有」（任運圓成而有）決定「相對有」空；由「無礙」（如如來法身與法身功德，因其周遍一切界，故可說為「無礙」）決定「相礙有」空。

這樣來觀修緣起，才是龍樹「緣生性空」的密意，所以「緣生」與「性空」並不在同一層次。總的來說，由「緣生」決定外境一切法為有，當超越一重緣生時，便可決定此重緣生為空性。關於這點，龍樹有許多論典其實已經說及，尤其是「讚歌集」，讀者可參考「離言叢書」中《龍樹讚歌集密意》一書。筆者在本《頌釋》中說：「是故但空其自性，依龍樹說生勝解，由緣起故說為空，了義唯許應成派」，只是說「由緣起故說為空」，並沒有說「因緣起故說為空」，這一點十分重

要，否則便歪曲了龍樹的教法。同時，必須這樣理解「緣生」才能說是「勝解」。

印度應成派，不立宗義，應敵成破，亦可以說是重重破敵論的「緣生」，自續派籠統說「自性空」而許自相有，那便是對龍樹的「緣生性空」尚無勝解，故受應成派所破。若依龍樹教法，應如筆者論頌所說：「**諸法不依自性相，自性不依其顯現，此從顯現說緣起，故可譬喻為陽燄**」。由陽燄喻，讀者應該很容易便明白「生滅同時」的道理，若知生滅同時，便不會執著陽燄為水、為非水。這樣，便能成立「相依有」空。

接著是依彌勒瑜伽行的觀點說外義，是即依三自性相來作抉擇與決定。三自性相與四重緣起可以視為同一，遍計自性相即業因緣起有；依他自性相即相依、相對緣起有；圓成自性相即相礙緣起有。這樣建立，與中觀宗緣起的不同，只在於依行者的心識來建立，所以說為唯識，且唯由於識來成立三自性相。也可以這樣說，中觀宗觀察外境時，未牽涉到心識，所以是對外境的客觀觀察，瑜伽行則屬主觀的建立。客觀觀察可以重重超越，主觀認識只能在證量上超越，於抉擇與決定時，便須建立「三無性」來超越「三自性」。

瑜伽行的究竟果即是如來藏，所以《入楞伽經》便是瑜伽行派的根本經典。只可惜現今的唯識末流不知此義，反而說如來藏思想不成體系，所以連《心經》的外義都無從抉擇與決定。

總的來說，本論說外義，先依龍樹說緣生，破外境的自性與自性相，復依彌勒瑜伽行說至「任運圓成」（圓成自性

相），隨後歸結至如來藏思想。

再說**內義**。

內義為修證，所以須依彌勒瑜伽行而說。本篇先決定龍樹四重緣起，實即瑜伽行之三性三無性，由是可知，依彌勒瑜伽行說修證，與依龍樹觀修緣起實無分別。時人將龍樹中觀定為「空宗」，將彌勒瑜伽行定為「有宗」，且以為二者不得相融，這實在是依言取義的世俗分別見。若要分宗，倒不如說，由龍樹緣生可以成立四重次第的自性空；由彌勒瑜伽行的三性三無性，則可以成立三自性相為空。龍樹說空是依見地而說，便於行者作抉擇及決定；彌勒說空是依修證而說，便於行者觀修所緣境。凡修證，必須建立所緣境，所緣境是相，因此便不能直接依龍樹的中觀來觀修，必須依彌勒建立的三自性相。

是故本論先依《解深密經》說四種所緣境事，即「有分別影像所緣境事」（內觀）；「無分別影像所緣境事」（寂止）；「事邊際所緣境事」；「所作成辦所緣境事」，並依此配合五道的修證。

由此建立，即可將《心經》說為次第修證。一、資糧道所修即為內觀；二、加行道四位所修為深淺兩重寂止；三、見道菩薩所修為事邊際所緣境事，由此得入中道；四、修道二至十地菩薩反復憶念上說三重觀修；五、無學道佛因位修所作成辦所緣境事。此皆有經文可以配合。於說此時，復依甯瑪派教法說如何實察觀修，俾讀者得知，凡佛所說必有說有修有證。

本論接著依五道觀修次第解說《心經》內義，如是成立《心經》八事，說三解脫門。必須如此理解《心經》，才能知其真實義理，否則便無可說此經為深般若波羅蜜多的心髓。筆

者說此時，很著重於說明五道的次第觀行，敬希讀者對此留意。

由見地建立修證，由修證而得修證果，所以對行者來說，《心經》內義說修證實至為重要，如是即引至密義果續。

後說**密義**。

密義說果。常有一個誤會，以為說果即不須觀修，其實不是，此中實有兩重觀修。首先，是如何能由觀修而得證果，倘若不知道法門（尤其是修密乘法而欠缺口訣），則終身修習亦可能一無所得，無證量可言；其次，於證果後如何保任，此亦須要指導。

頌文依五道說證果，並引入《聖入無分別總持經》的四喻來說。如人入寶藏，其初見銀，其次見金，再其次為見寶石，及至究竟才見到摩尼寶。見摩尼寶是無間道上菩薩之所證，此時已住佛因位。蓮師的《直指教授》即是針對這地位予以直指，但初地以上亦可參考。如何得入無間道，方便是修立斷與頓超，但這須要行者是上根才能得此方便，初地以下的行人修習，若非上根，只能是積資糧。

頌文還說到修五秘密脈，雖然已得三級灌頂（智灌）的學人已可得此修習，但若非上根，亦難得證入深般若波羅蜜多。所以本論所說的立斷、頓超、五秘密脈等，便是果續的觀修。

本論頌文主要是說如來藏果。如來藏即是深般若波羅蜜多，即是文殊師利菩薩的不二法門，亦是諸佛的內自證智境界，所以便是如來法身與法身功德雙運的境界。因此可以說，釋迦牟尼所說的經典，無一不依如來藏而說，只是在言說上用

法異門來表達，如說四諦、十二因緣、緣生、般若、唯識、法相種種，實皆可以統攝在如來藏之內。誹謗如來藏的人，實在等如誹謗釋迦全部教法。得現證如來藏（現證如來法身與功德雙運），即如掘得摩尼寶藏。

此外，本論頌文還提到十一至十六地菩薩，這是菩薩地道的不共建立。密乘建立此六地，可全攝於無間道佛因位，此時雖然已入無學道，但由於圓證正覺，須圓證法、報、化三身無分別，所以便有此六地的建立。

若住於佛因位而執於性，則須修證十一、十二地，由證智離用執；若執於相，則須修證十三、十四地，由證智離相執；若執於用，則須修證十五、十六地，由證智離性執。這些亦可以說是果位的觀行。

頌文最後說到如來藏果，究竟現證如來藏即是金剛喻定，這是現證如來法身前最後的一個定。由金剛喻定究竟現證清淨大平等性，法身清淨，法身功德大平等周遍一切界，二者雙運，即是佛的根本智與後得智雙運。對這雙運有種種名相，可以名之為勝義世俗菩提心雙運、不二法門、深般若波羅蜜多。顯乘多說此雙運為「善妙」，由如來法身功德成立世間，所以說是善，如來法身清淨是即說為妙；密乘則多說此雙運為「樂空」，法身功德為大樂，法身則施設為空。所以頌文最後，決定如來藏為「樂空唯一」，這應該可以說是究竟決定。

由於本書所收的二論皆有密意，此將於疏釋時說及，但讀疏釋前則須知一切脈絡，是即導論之所說，希望能對讀者有所幫助。

　　此外，筆者早期所譯的〈六金剛句〉，及因讀龍青巴《實相寶藏論釋》而寫的〈諸宗般若差別〉，亦收入本書作為附錄。前者有助於理解〈直指教授〉，後者有助於理解《心經》所說的般若，是故當有助於本書讀者。唯〈諸宗般若差別〉一篇尚未依密密意而寫，故未究竟，是宜先讀本篇，然後再讀〈直指教授〉。

上篇：《大圓滿直指教授》

# 大圓滿直指教授
## —— 原名《藉見赤裸覺性得自解脫》

蓮花生大士　巖傳
持明事業洲　取巖
無畏金剛談錫永　譯疏

## 甲 、序分（下列題目為譯疏者所加）

### 一、標題

【論】　此為《藉見赤裸覺性得自解脫》[1]，乃本覺相的直接指示，

摘自《由寂靜及忿怒尊密意中得自解脫之甚深教授》[2]。

【疏】　巖傳事業洲尊者（Karma gling pa）所得全部巖傳，統名為《寂忿密意自解脫深法》，筆者當年以白話文譯本論，所以意譯為《由寂靜及忿怒尊密意中得自解脫之甚深教授》。全部巖傳分七部份：傳記部、灌頂部、生起次第部、圓滿次第部、解說部、方便道部、護法部。後人再加上附錄部，即成八份，本

---

1 藏文原題：*Rig pa ngo sprod gcer mthong rang grol*。
2 藏文原題：*Zab chos zhi khro dgongs pa rang grol*。

篇屬於解說部第三篇，名為《藉見赤裸覺性得自解
脫》，是為直指教授，故今即用《直指教授》為篇
名。

## 二、敬禮

【論】　向三身佛陀及諸本尊敬禮，

諸聖眾即是本覺的內在光明清淨顯現。

【疏】　本論為無上論，是為了義論典，凡了義論典必向三
身佛陀及諸本尊敬禮。為甚麼向三身佛陀頂禮？因
為無論頂禮、皈依、供養，都以三身無分別為無
上。三身無分別涵蓋法、報、化三身無分別；身、
語、意三密無分別；佛、法、僧三寶無分別。至於
對之敬禮諸本尊亦即法、報、化三身。

無分別三身聖眾顯現為本覺的內在光明。說為本
覺，即無分別而覺（離名言句義、離戲論、離分
別，是即無分別）。因無分別，是故清淨。

## 三、述意

【論】　今我教授《藉見赤裸覺性得自解脫》，

此即是直指一己覺性的如實教授，

摘自《由寂靜及忿怒尊密意中得自解脫之甚深教
授》。

尊貴種姓的具福孩子啊，即應由此善修止觀。

三昧耶（samaya）！吔吔吔（rgya rgya rgya）！

【疏】　說明本論為直指教授。直指本覺，所以通篇離名言句義而說本覺，其實連直指的言說都不可執著，否則即非「如實教授」。關於直指與如實，可由禪宗「以指作月」的典故來理解，言說只是手指，其直指的密意即喻為月，學人不應見指而不見月，亦不應以指作月。

　　　　能得此直指教授，即是「尊貴種姓的具福孩子」。得此教授後，即能善修止觀，是故具福。若不能得其密意，依然隨言說來斷章取義，是即不成法忍。以此之故，此教法即須封印（「吔吔吔」）。

## 四、直指

【論】　唉嗎呵（emaho）！

　　　　即此一心包容了輪迴與涅槃。

　　　　即使它的本性自無始以來便已存在，而你依然未能認知；

　　　　即使它的闡明與展示從無間斷，而你則未能瞥見一面；

　　　　即使它的生起無一處有障礙，而你卻未能對它理解；

　　　　是故此直指的目的，即為引導你體認心性的本來面目。

【疏】　輪迴與涅槃一切法，都是法性自顯現，亦可以說是心法性自顯現，前者以客觀的存在而說，後者以主

觀的顯現而說，二者同一。由心法性即可說一心包容二法。

以此之故，輪涅一切法的本性便即是心法性。心法性無始以來即已存在，亦可以說，法界的本性無始以來即已存在。然而落於名言句義的人，則不能認知其本性，日用家常，常無間斷，人卻執著於二取顯現、名言顯現[3]。由此不識本來面目，所以說「**未能瞥見一面**」。

一切法皆由任運圓成而成存在或顯現，任運即是適應所緣的障礙，既已適應，便無障礙，所以說「**它的生起無一處有障礙**」。是故顯現為人，即是能適應一切作為人的局限（如呼吸空氣、消化食物等等），譬如螞蟻便與人的適應不同，能夠完成它的適應，便可顯現為螞蟻。甯瑪派因此建立「相礙緣起」來理解任運圓成。

由理解任運圓成，便可知一切法只是隨緣自顯現（人有人的隨緣，螞蟻有螞蟻的隨緣）。其顯現基可以說是法界（法性界）。人的「**一心**」亦是一個法界，心法性即是法性。如是理解「**一心**」，即知心性的本來面目。

本論通過直指，即能令行人究竟悟入心性，此心性亦即如來法身，可說名為法智、法性、法界等。

---

3　人既執著自我，便以自我為能取，一切法為所取，由是成立諸法為有，是即二取顯現。接著，為二取顯現施設名言，即成名言顯現，以此之故，便以為二取、名言可建立真實有，不知二取非有，亦不知名言虛妄，故不見本來面目（自性本性）。

【論】 一切法已由三世勝利佛陀開演，成為八萬四千法門，

但除覺悟此本性外，佛未曾說餘外之法。

即使經教無限，如空際般廣大，

卻依然有三直指說真實義，導向你自己的本覺，

此即現量直指諸佛密意的教授，

所說即導入修持的法門，既無前行，亦無須後行。

【疏】 佛陀說八萬四千法門，其密意都為令行人覺悟本性。如鏡中影以鏡性為本性、水中月以水性為本性、螢光屏上的影像以螢光屏性為本性，所以如來法身上的一切法自顯現（心法性上的一切法自顯現），亦必以如來法身性為本性，是故一切法並無屬於他自己的自性。這即是真實義。

佛陀說法廣大，但卻實在是用外、內、密三直指為學人說真實義，令行人能由本覺而覺知，本論是為直指諸佛密意的教授。由於是抉擇與決定密意，所以不須要前行與後行。

# 甲二、正分

## 乙一、內覺性

【疏】　說內覺性，即依心識而說，但此非唯標榜心識，所以不落於「唯識無境」、「一切唯心（性）造」的範疇。因為超越心性，所以便是離戲論、離分別而覺。此時心性可以說是「心本性」、「心法性」。

觀修行人往往會誤認「心法性」，也就是誤以心性的顯現為心法性的顯現。例如，當禪定至舒適時，便以為是輕安，躭着這種狀態，會引生欲界天；如果躭着光明，會引生色界天；禪定惛沉如沉睡，會引生無想天。未決定空性見（不知「自性本性空」），而自以為入空性境界，其實只是由否定實有而起一種心理狀態，如果以為已得見地，堅持這種狀態，也會引生無想天。這些心理狀態都不是這裏所說的內覺性。

## 五、心本性

【論】　吔呵（kye ho）！

具福的孩子，且諦聽啊！

我們常常說心，可是它卻受廣泛的評論與諸多諍議，

或對它未解、或對它誤解、或只能解得它的一邊，

此乃由於未能正解，心即是心自己，

　　　　由是即有無數的宗派學說。

　　　　還有啊！正由於凡夫未能解此性，

　　　　他們便不能認識自己的本來面目，

　　　　於是不斷流轉於三界六道，且因之受苦，

　　　　是故不識自心本性，便成令人惋惜的過失。

【疏】　不識自心本性，即有「未解」、「誤解」、「片
　　　　解」的過失。凡夫由於不認識自己的本來面目，便
　　　　長時輪迴受苦；誤解與片解的人，即成立種種宗派
　　　　學說來說心。下來即指出他們的過失。


【論】　具煩惱的聲聞與辟支佛眾，即使想憑無我這法義來
　　　　理解它，

　　　　但他們卻依然未能證悟，心即是心自己。

　　　　此外有人，受自我這意念縛困，

　　　　縛困即成為枷鎖，由是不能覺察清淨光明。

　　　　縛聲聞與辟支佛的是能所，成為障礙，

　　　　縛中觀家的二諦邊見，亦成障礙，

　　　　事密、行密與瑜伽密行者的障礙，是受一切成就法
　　　　所縛，

　　　　大瑜伽及無比瑜伽行者的障礙，是縛束他們的法界
　　　　與覺心，

　　　　以無二的真實義而言，把界與心分開即墮入邊見，

**不把此二者相融成為無二，即肯定不能趨入佛道。**

【疏】　聲聞與緣覺二乘說心，未能離開能所，所以對於認識一切法，仍然以心識為能取；對於一切法，仍然認為是所取。

二乘行人無法去除能所，是因為他們不認識心性的本性只是覺，不是取。覺是客觀的認知，生起客觀的覺受，亦即完全斷除世間名言句義的覺受，所以便無能取所取。行者入四禪八定的「非想非非想處定」，唯以「非想非非想」來寂滅能取，那便是依然有能取所取，未曾得覺。覺是客觀的認知，生起客觀的覺受，是故無能所；取則是主觀的愛受，既有愛受，即有能所。

中觀家落有無二邊來成立二諦，說「世俗有」固然落於有邊，說「勝義空」，好像是空邊，其實亦是落於有邊，因為將施設為空的空當成真實有，為此天台家便立假、空、中三諦來作補救，不過這補救亦未能澈底，因為所立「中諦」亦未完全是「非有非非有」的中道。華嚴宗觀法界，立為緣起，比較接近實相，但亦未能如相礙緣起之究竟。因為華嚴家落於他空。

至於密乘的事續、行續、瑜伽續三部，未能究竟認知心性，那是受續部本身的成就法所困，他們不能捨除成就，是故對心性的覺，即依其自身成就而覺，未成本覺。

無上密乘的大瑜伽續部、無比瑜伽續部，亦受續部

局限，對法界與覺心未能勝解。大瑜伽續偏向生起次第，很容易對本尊作分別，由是對法界作分別；無比瑜伽續偏向於圓滿次第，容易將覺心執為光明，由是對覺心即作分別，這是他們的障礙。

這五部密乘的缺失，有一相同之處，即是將心與界分開，所以未能將本覺心視為法界，亦未敢將法界性視為心性。

這裡沒有提到唯識與瑜伽行，因為二者只是道法之所依，所以不談其見地上的缺失。換言之，修道的人可以持任何見地作唯識行與瑜伽行，比如大圓滿道的心部，即可持心法性作瑜伽行，界部即可持法界作瑜伽行，口訣部即可持法身與法身功德雙運的境界作瑜伽行。瑜伽行同一，行者的見地則各不同。

【論】　至於你的自心，一切有情悉皆如是，輪迴與涅槃無有分別，

然而，你在理念上堅持而且忍受這些困縛與污染，由是即不斷流轉輪迴。

是故你的法與非法皆應捨棄，

藉本覺見赤裸的自我解脫道，畢竟已向你開示。

你當勝解，一切法都能在廣大一體自解脫中圓滿及圓成，

因此，一切法皆能於「大圓滿」中趨成圓滿。

三昧耶！吥吥吥！

【疏】　一切有情心本無輪迴與涅槃的分別，只是在如來法身（佛種姓）上顯現為輪迴法與涅槃法，由是成立「法」與「非法」。當「藉本覺見赤裸的自我解脫道」時，一切落於相對的法與非法皆應捨，因為一切法並非相對顯現（如《入楞伽經》一開頭即遮撥相對法，成立一百零八句義），若不遣除相對，本覺不能生起。

本論頌文說「一切法都能在廣大一體自解脫中圓滿及圓成」，即是說，一切法都在廣大如來法身上自顯現、自解脫，是故無有相依與相對。此即「大圓滿」，亦即心性的究竟，是為甚深密意。封印。

## 六、心相

【論】　覺性的火花一閃，我們即稱之為心，

若說它存在，它卻非真實存在，

它只是一個源頭，生起一切涅槃樂與一切輪迴苦的分別，

【疏】　禪宗說的「起心動念」，便是這裏說的「覺性的火花一閃」，心相即於此時顯現。也可以反過來說，說為心相的，只是心的覺受，於心動時，覺受生起，由是即見一切法顯現。此如風吹幡動，有人說是風動，有人說是幡動，六祖慧能卻說是心動。風動、幡動是心的覺受相，但此心的覺受，卻是「覺

性的火花一閃」。

由於心相顯現可以說心相存在，但這顯現卻不是真實的存在。

由是可以決定，由起心動念，即便生起一切法的分別，這分別相便是心相。

【論】 由於具有一些見解，它即受愛寵如在十一乘，

於是有種種名相，給它的不同名相實難以計量，

有人稱此為心性，

有外道稱之為梵我，

聲聞眾稱之為無我法，

唯識家稱之為識，

【疏】 世人依照自己的見解，便給心相以種種名相，而且十分重視心相，所以便常常用很多哲理來解釋它。西方的哲學，如存在主義、認識論、現象論等等，都是「愛寵」心相的建立。在蓮花生時代，中觀家稱之為「心性」，並說之為空；外道稱之為「梵我」，說為梵性；聲聞眾稱之為「無我法」，認為即是離自我的心識功能；唯識家稱之為「識」，並依八識說心與心所，形成一套很嚴謹的系統。這種種建立，都唯依識境來建立。

禪宗說「起心動念」，是說本來清淨的心性（心法性）落於識境，所以才說「起心」與「動念」。強調為「起」與「動」，那便不是本來存在的本淨心

性，既已本來存在，那便不須再「起」。因此禪宗
的說法，並非唯依心境。密乘的說法，與禪宗相
同。說心相即是「覺性的火花一閃」，亦即是說本
來存在的本淨心性。必須這樣來理解心相，才能入
究竟解脫道。

## 七、常斷

【論】　如今你且受教導，用三個思維來趨入：

思過去，明澈而不留痕跡，

思未來，既未生且未為一切法造境。

思當下，停留於心的現狀時，不假造作，

在此一刻，覺性本身即如此平凡。

【疏】　現在由心相的常斷來抉擇心相。心相的常斷狀態可
以說為三時狀態，所以觀察心相即可觀察其過去、
現在與未來。

觀察過去的心相，可以追憶，但卻不留痕跡；觀察
未來的心相，它卻仍未成心境；觀察現在的心相，
則須不假做作來看心當下的狀態，於此時，實無當
下的心相可得，行者於是即能知道覺性其實無可捕
捉。

【論】　於你如是看你自己時，即赤裸裸，

因即此清淨觀察，便能光輝澄明而無能觀察者，

只一赤裸裸顯露的覺性呈現。

覺性虛空且無瑕純淨，不由任何一法生起。

真實而且無顛倒，明空無二。

【疏】　這樣由三時來觀察心相，便能脫離名言與句義來認
識心，心相既無可捕捉，是即不成為我所，既無我
所，當然也就跟本沒有能觀察的我。於是即可決
定，一切輪迴涅槃法的顯現，只是「赤裸裸顯露覺
性呈現」。因此一切法的自顯現便可說為「明空無
二」。

明不是說光明，是說如來法身功德中的「明分」，
明分是區別分，能令一切法生起區別，例如同是松
樹，我們都可以區別這株松與那株松，這便是由於
松的顯現具有明分，心則依此明分而覺。

明空無二便是說如來法身功德，這功德依於法身，
是故為「空」；由功德令生區別，是即為「明」。
法身與法身功德當然恆時雙運，所以便是「明空無
二」。決定其為「真實而且無顛倒」，這才是對心
相的正解。

【論】　其非恆常，但卻非一切法所生起；

但亦非空無或虛無，因為它既光明且顯現。

其存在非個體存在，因為它清楚地現為多相，

而它亦非事物的多元，因為無可分割而成一味。

**此俱生的自覺性並非由他而生，**

**此即為真實教授，說事物的真實境界。**

【疏】　心相不恆常，但卻不能說之為斷。在世間，凡能說
為斷的事物，必須建立它由一法生起，所以世俗便
將覺受、心念等說為由心所生，這樣才能解釋覺受
與心念為甚麼可以斷斷續續。前念斷滅，由心生起
後念，即念念心相相續。現在知道心相，實在只是
一切法在心性中自顯現，卻並非由心性所生（所以
不是「一切法唯心造」），這自顯現即不能說之為
斷，它並不是有時自顯現，有時不顯現，實察的情
形只是，心有時覺受，有時不覺受。不覺受便即是
「心不在焉」。孟子說：「心不在焉，視而不見，
聽而不聞，食而不知其味」，便是一切法不顯現的
狀態。

既無常斷，亦無一異（多）──因為心相可以現為
多相，但是這「多相」的實性一味，是即無二。

無常斷、一異，這亦便是俱生的自覺性，由這本來
存在的清淨覺性來決定心相，便能悟入「事物的真
實境界」。

## 八、三身

【論】　由是，三身無別，實於一覺性中完具，

因其空性而無生，這即是法身。

因其為空性的明空光華，這即是報身。

因其無礙顯現一切，這即是化身。

【疏】　於本覺中具足三身。法身無生（無有實質的顯現）；
　　　　報身空明（具足法身功德）；化身無礙（任運圓
　　　　成）。是故三身即是如來法身與法身功德的雙運境
　　　　界。

## 九、制心

【論】　當你給這極殊勝的方法引入修行道上時，

　　　　當下你自己的覺性即當下如是，

　　　　於是即見本來具足的自清淨，全無造作，

　　　　這時候，你還怎能說不知心性？

【疏】　所謂「制心」，即是龍青巴尊者說的「心性休息」。
　　　　落於戲論與分別的心，是為疲勞。如何令心休息，
　　　　便是「當下你自己的覺性即當下如是」，這便是不
　　　　依名言句義而見，不依習氣分別而見自己本來的覺
　　　　性。如是見本來面目，即不假造作而見本來具足的
　　　　自清淨。

【論】　更且，由於此覺性無可觀修，

　　　　你還怎能說觀修無有成就？

　　　　既然根本覺性從無間斷，

　　　　你還怎能說，你不能見到心的本面？

　　　　此心如是作思維，

你尋覓誰是思維者，依然，你怎能說你找不到它？

以此之故，任何處都不存在那作意的因。

【疏】 觀修與修證都須離作意，是故制心亦須離作意。離作意而制心後，即能無作意而觀修心的覺性，這是由加行道入初地的難關，要訣其實只是出離世間的名言與句義，能這樣來起心動念，則每一心念都是本覺的自然流露，所以便可以見到本來面目。行者於時亦能無作意而自覺本覺。

都無作意是制心的要點，所以不須要尋覓「誰是思維者」，因為一切思維都亦是本覺（本來存在的清淨覺的自顯現），這只是一種法爾境界，不存在任何作意的因。

【論】 而且，既有作意時，你還怎能說無此作意生起？

既然只須讓心安置於它自己的境界，不嘗試加以描述，這就夠了，

你還怎能說你不能安心？

既然只須讓心念如是即如是，不嘗試給它加點甚麼，這就夠了，

你還怎能說，你對此不能做任何事？

【疏】 接著，行者便須認識有作意生起時的惑亂境界，例如落於「唯識無境」的概念，或者落於「因為緣生，所以性空」的概念，甚至落於「一切法唯心造作」的概念，若依這種種概念而覺時，便已經是有

作意、有能所,所以禪宗才說,任何言說都「不中」。是故觀修制心之道,只是離名言句義及一切宗義,「讓心安置於它自己的境界」。行者「不嘗試加以描述」,例如不說之為空性,如是即能安心。

【論】　既然覺分、明分、空分三者不能分割,它們俱生自我圓滿,

你還怎能說,我們的修持無可圓成?

既然根本覺性自行生起且法爾自圓滿,不須先具因緣,

你還怎能說,你不能精進以求任何圓成?

既然念頭生起與解脫同時,

你還怎能說,你不能加以對治?

當下的本性即是如此,

你還怎能說,你對它實一無所知。

【疏】　一心具足覺分、明分、空分,亦即具足如來法身與法身功德,能安心在這境界,便是制心的圓成;能安心在這境界,便是本覺性的法爾自圓滿;能安心在這境界,便能自顯現自解脫;能安心在這境界,即能認知一切法的自性本性。

所以,「制心」既能讓心性休息,亦是心性自解脫的基礎。

## 十、心喻

【論】　心性虛空而無基，

你自己的心，便空無一物如長天。

你不妨且看自心，看它如是抑非如是，

【疏】　雖然如來藏施設，心性與一切法都是如來法身上的隨緣自顯現，並且將如來法身施設為本始基，然而這其實只是為令人容易理解的施設，既然是施設，便不能將這本始基作實，否則便仍然落於概念，所以這裏便提出一個觀察，觀察自心是否「空無一物如長天」（雲彩霞霧並不是長天上的一物）。

【論】　且不須先作任何肯定的見地，肯定心本性本來空虛，

自然智從無始以來即光明，

有如大日的中心，其為自行生起，

你不妨且看自心，看它如是抑非如是。

【疏】　觀察自心時，不應「肯定心本性本來空虛」，因為說本性空亦只是施設，連空這個概念都是施設。由心性起為本覺，這本覺的覺受便是自然智，無始以來自然智即是法爾光明，可喻為被光與熱所包裹的大日。自然智的境界有如如來法身的境界，所以喻如大日，光與熱便有如法身的功能。

如是觀察自心，亦可以以大日為喻，心法性有如大

日，能覺一切顯現，有如大日的功能，此功能喻為光與熱，能照澈一切顯現。

【論】 俱生覺性本智，實即有情的心相續，它從無停息，

有如大河，無休止地流注，

你不妨且看自心，看它如是抑非如是。

【疏】 如來法身的境界，亦即佛內自證「俱生覺性本智」，有情心相續，即如來法身，所以於觀心時，得以大河為喻，河水相續流動，說有情的心相續恆常，即如來法身與功德恆常。

【論】 心所生的分別並非由憶持即可理解，

有如無實質的風息盪漾於大氣之中，

你不妨且看自心，看它如是抑非如是。

【疏】 觀察心所生的分別，可以以風息為喻。分別並不是心的本能，有如大氣本無風息。人於心動時生分別，有如大氣流動始成風息。因此分別心只可以說為客塵。法爾的本覺永恆存在，分別心則非永恆，如是觀察，即知本覺不可離，分別心則可離。

【論】 無論甚麼外境出現，它們通通都是自顯現，

有如鏡中像，就這麼簡單地自顯現出來，

你不妨且看自心，看它如是抑非如是。

【疏】　一切外境，都只是如來法身上的隨緣自顯現，有如鏡中影像的自顯現。所以當覺受外境顯現時，只是覺受到一個影像。以鏡像為喻，即知心性上的自顯現為無生，

【論】　**事物一切形形式式的特性，於它自己的狀態中自解脫，**

　　　　**有如空際的浮雲，自生起且自解脫，**

　　　　**你不妨且看自心，看它如是抑非如是。**

【疏】　一切法自顯現可喻為浮雲。一切法自顯現自解脫，可喻為浮雲的自生自散，如是觀心，即得心性休息與心性解脫。

## 十一、修心

【疏】　本段論頌說修心的四次第。

【論】　**無一法不由心生起，**

　　　　**除修持所現外，那作修持的人究在何處？**

【疏】　一切法由心覺受，世俗說為由心生。於修持時，若說修持的證量由心生，那麼這證量由誰生起呢？這樣觀察，便可以得到第一個決定：修持的證量只是本覺自然顯露，這本覺周遍一切世間、一切生命，本來俱在，所以實無修持的人。

【論】　無一法不由心生起，

　　　　除行持所現外，那作行持的人究在何處？

【疏】　同樣觀察，便可以得到第二個決定：行持的證量只
　　　　是本覺自然顯露，所以實無行持的人。

【論】　無一法不由心生起，

　　　　除三昧耶誓句所現外，那守護誓句的人究在何處？

【疏】　同樣觀察，便可以得到第三個決定：守護誓句的覺
　　　　受只是本覺自然顯露，所以實無守護誓句的人。

【論】　無一法不由心生起，

　　　　除所證果所現外，那了悟的人究在何處？

　　　　你且自視自心，一次再一次地觀察。

【疏】　同樣觀察，便可以得到第四個決定：了悟者的覺受
　　　　只是本覺自然顯露，所以實無了悟者。

　　　　如是依四次第修心，即作四種現量的觀察，通攝
　　　　修、行、誓句、果，由此四現量而成修心。

## 十二、觀心

【論】　當你仰望身外的天際時，

　　　　若無一念似光華射出形相般生起；

　　　　當你內視自己的內心時，

若無妄念生起,

那麼,心性便會變得清淨明淨。

由於你自己的覺性光明清淨如虛空,這便即是法身了,

它恰如大日升起在無雲的光明天際。

即使這光明雖無形相,但依然能被知悉,

這就是說,無論理解與否,它都具有殊義。

【疏】　上來屢屢說到觀察心性,本段論頌便即是觀心的要點。

首先須知,如何心性能變得清淨明淨。當觀心時(「內視自己的內心時」)無妄念生起,亦即不落名言句義而觀,不依分別習氣而觀,此時心性便自然清淨。此可喻為觀察身外的天際,無一切顯現生起,例如無雲彩霞霧。

其次須知,心性覺受的覺性,即是如來法身,無形相,但可認識其功德,有如大日無形相,但可認識其光與熱。我們見到太陽,其實只是見到它的光與熱,是即行者見到法身、法性、法界、真如、實際等等,其實只是見到法身功德。

如是觀心,即可究竟決定:心性自顯現與一切法自顯現,都依於如來法身功德,此即依於現分(生機)、明分(區別),所以無論由內心的自顯現,或外境的自顯現,都可以認知如來法身功德,一如我們可由外境,亦可由概念來認知太陽的光與熱。

既然由光與熱可以認知太陽，所以由現分與明分便可以認知如來法身，這認知即是本覺。如是觀心方為究竟。

## 十三、俱生覺性[4]

【論】 自生的清淨光明，自無始以來即為無生，

它是覺性的子女，可是卻無父母 —— 奇妙啊！

這自生的俱生覺性，不為任何事物所生 —— 奇妙啊！

它既無生，它亦無一法可令之滅 —— 奇妙啊！

它雖然可見，但卻無人能見 —— 奇妙啊！

它雖然流轉於輪迴，但它卻無污染 —— 奇妙啊！

縱使它便即是佛，而它卻未由佛得到利益 —— 奇妙啊！

縱使它遍三界六道，但它卻不為人所識 —— 奇妙啊！

此外，你還想從它之外找到別的果 —— 奇妙啊！

縱使它即具在於你的身內，可是你卻老是想往別的地方去尋找 —— 奇妙啊！

【疏】 承接上文說本覺，所以本段論頌即說人的俱生覺性。這俱生覺性可以說為本覺的自性，亦可以說為

---

4　初譯本標題為「顛倒」，意思是指出人的本覺顛倒，今改標題。

與生俱來的覺性，因為是與生俱來，所以便不受名言與句義、分別與戲論的污染，因此在道名言上，便可以說他是「清淨光明」。這清淨光明與無明相對，落於無明，對一切覺受的認知即落二取與名言，清淨光明則不落。

本段論頌由此「清淨光明」即作種種引申——

1　着重提出此清淨光明為「自生」，所以稱為「自生清淨光明」，所謂「自生」，即非由造作而成，由是亦可以說為「無生」。既然俱生覺性是自生與無生，那麼本覺當然亦是自生與無生，同時，我們也可以定義佛的內自證智為自生與無生，因為這內自證智便亦即是本覺。本段頌文頭四句即說此義。

2　覺性可以認知，但這認知卻不能說有形相。前面已經說過，一切心相都由分別而成，所以離分別即離心相。由此可知，若能依本覺來認知俱生覺性，必須離相而見，所以不能由相而見如來法身。第五句頌文即說此義。

3　俱生覺性周遍輪迴涅槃界，於落輪迴界時，依然是自生清淨光明，不受污染。於涅槃界，俱生覺性即是如來法身的智境，但卻並不是由依附法身而成立，所以並未受到「佛」這個概念的利益。同時，這俱生覺性周遍一切界，具大平等性。第六、七、八句頌文即說此義。

4　人不知俱生覺性即是本覺的自性，或者反過來不

知道本覺的自性即具俱生覺性，因此便常常落於
宗義，於本覺之外來求現證果，此如依識境建立
的緣起來求證空，認為能證空的便是本覺。這即
是於本覺之外求現證果。

此外，行人或雖知本覺即是佛智，但卻具足俱生覺
性而不自知，因此心外求心，想找出本覺的根源，
這時候又困於識境，更依名言句義，由宗義、言說
來尋俱生覺性。最後兩句頌文即說此義。

## 十四、究竟

【論】　多奇妙啊！

這當下的根本覺性，無質礙且清淨光明，

這就是比一切見都究竟的見地。

它含容萬法而離萬法，

這就是比一切修都究竟的修持。

它不可思議，且不落言詮，

這就是比一切行都究竟的行持。

從未受關注，它卻自無始以來即法爾自圓滿，

這就是比一切果都究竟的證果。

【疏】　既知本覺、既知俱生覺性，即可具此而知見、修、
行、果的究竟。在說此之前，須先作決定，俱生覺
性是一個境界的性，這個境界即是如來法身，由於
如來法身永恆與其功德雙運（此亦如人必永恆與其

功能雙運、一切事物亦必永恆與其功能雙運），所以這個境界便亦可說為「如來法身與功德雙運境」，或說為「智識雙運境界」。這是最基本的決定，亦是究竟決定。所謂本覺，便是覺知這境界性。

由本覺可得究竟涅槃，然而得證本覺，卻有道上的見、修、行、果，必須究竟才能證本覺，所以依俱生覺性（根本覺性），即可決定如何才為究竟。

持此究竟決定，即可得決定見，決定俱生覺性「無質礙且清淨光明」，是為究竟決定。「無質礙」即離識境，「清淨」即離識境一切名言概念，「光明」即離邊際，周遍而且平等。由是佛才說「無上陀羅尼」，是為究竟見。[5]

持此究竟決定，即知現證俱生覺性所證入的境界，「含容萬法而離萬法」。如來法身含容萬法，因為「萬法」皆依如來法身功德生起，可是如來法身卻不受「萬法」的污染。所以在修持上，即須離「萬法」的名言句義，如是修持始為究竟，由是佛才說「出離陀羅尼」，是為究竟修。

行持亦如是，行者須不受「思議」、「言詮」的影響而覺知這境界，始能自在，這便是究竟行，亦統攝於出離陀羅尼門內。

若依宗義而證果，必落言說邊，須覺知此境界「無始以來即法爾自圓滿」，如是始為究竟證果，由是佛才說「清淨陀羅尼」，是為究竟果。

---

5　見拙《無邊莊嚴會密意》，台北：全佛文化，2012。下來三段引文同。

# 十五、四乘

【論】　以下為無謬誤四乘的教導 ——

此為無謬誤見地的大乘：
由於當下覺性清淨光明，
而清淨光明則無謬誤，故稱之為「乘」。

此為無謬誤修持的大乘：
由於當下覺性顯然具在，
而清淨光明則無謬誤，故稱之為「乘」。

此為無謬誤行持的大乘：
由於當下俱生覺性顯然具在，
而清淨光明則無謬誤，故稱之為「乘」。

此為無謬誤證果的大乘：
由於當下覺性清淨光明，
而清淨光明則無謬誤，故稱之為「乘」。

【疏】　依究竟見、修、行、果，即可說大乘（一佛乘）的
　　　　究竟四乘教法。此四乘教法，即是引導行人得解脫
　　　　涅槃的車駕（乘）。說為四乘，其實只是一乘，亦
　　　　即認知本覺自性為清淨光明。上文已經說過，清淨
　　　　即離世間名言句義，光明即離世間障礙，前者即離
　　　　所知障，後者即離煩惱障，所以行者持清淨光明為
　　　　見、修、行、果，必無謬誤，是即在教法上分別建
　　　　立為四乘。密乘行人當知，一切儀軌皆依悟入清淨
　　　　光明而建立，貫通五道，洞澈十地。

# 十六、四橛

【論】　如下為四金剛橛的教導 ——

此為無變見地的大橛；
當下顯露的覺性清淨光明，
因為它三時都無變易，此即名為「橛」。

此為無變修持的大橛；
當下顯露的覺性清淨光明，
因為它三時都無變易，此即名為「橛」。

此為無變行持的大橛：
當下顯露的覺性清淨光明，
因為它三時都無變易，此即名為「橛」。

此為無變證果的大橛：
當下顯露的覺性清淨光明，
因為它三時都無變易，此即名為「橛」。

【疏】　密乘立「四金剛橛」，說見、修、行、果。用橛釘地，橛即不動，依此表義所立的見、修、行、果不可動搖，無可變易。本段頌文即說，無上瑜伽密乘所修即為一佛乘，亦即究竟大乘。無上瑜伽密乘又名為果乘，因為見、修、行、果都依究竟果而建立，是為方便。覺性清淨光明是果，因此立此為究竟見，修與行皆依現證覺性清淨光明，由是得「當下顯露覺性清淨光明」。

# 十七、一時

【論】 接着，是指示三時如一的秘密教授：

你應停止對過去的一切意念，放棄所有的以往，

你應截斷對未來的計劃與希望，

【疏】 觀修「三時如一」，是甯瑪派的秘密教授，必須於修止觀時能心住法性，才能作此修習。但所謂心住法性，卻並不須要已能由本覺現證法性，於止觀時能入「心一境性」的狀態即可。心一境性是瑜伽行「九次第定」的第八重境界，所以這要求已經很高。

頌文所說的不思過去、不思未來的觀修境界，即是心一境性的境界。由此境界已可悟入智識雙運，所以在定中只住當下，不思過去未來，這亦可以說是漢土禪宗的意趣。下來即說此「當下」。

說是「當下」而不說是「現在時」，那是因為否定「現在時」的存在。在觀修「三時如一」時，最難去除的執着便是「現在時」，而且不否定「現在時」，便也很難否定「過去時」與「未來時」。對於否定「現在時」，讀者可能覺得，明明有一個「現在時」，怎麼能夠否定呢？在這裏可以引用希臘悖論派的一個悖論來說明。所謂悖論，便是由邏輯推理推出一種現象，這現象卻違背現實，可是你卻不能用邏輯來推翻他的推理。

悖論派的始創人是巴門尼德斯（Parmenides, 510-440

BC），他說：萬物固定不變，所有運動和變化都只是幻覺。這說法當然會受到挑戰，他的弟子芝諾（Zeno, 490-435 BC）便提出一些例子來證明，其中一個著名的例就是說：希臘勇士阿基里士無法跑贏烏龜，不過須有一個條件，烏龜的起步點前於阿基里士。如圖一：

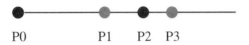

P0　　　　　P1　P2　P3

圖中P0是勇士阿基里士的起步點，P1是烏龜的起步點。

芝諾說：當阿基里士由P0走至P1時，無論他走得多快，都要有一段時間，在這段時間中，烏龜無論走得多慢，至少會走一段距離。因此，烏龜未被追上。同理，阿基里士走到P2時，烏龜便走到P3，依然超前。這樣一段一段地走，烏龜始終在前。

許多人想反駁芝諾，但都無法圓滿地否定他的邏輯推理，直至二十世紀時（時間距離芝諾已近二千四百年！），才由林茲（Peter Lynds）提出駁論。林茲說：甚麼是運動？是在一個固定時間中的運動體相對位置，如圖二：

A　　　　　B　　　　　B1

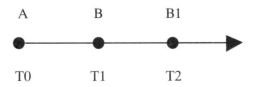

T0　　　　　T1　　　　　T2

圖中運動體由A出發，此時時間為T0，至T1時，運動

體走到B，所以這個運動便可以說，在T0至T1這段固定時間中，運動體的相對位置是A與B。現在，假設這段固定時間是3秒，如果你說：A在第3秒時間移動至B，聽起來似乎沒有錯（芝諾其實就是這樣來計算時間），不過實在是錯了。實際的情形是——

A在2.000……1秒到第3秒之間移至B。或者說，A由第3秒至3.999……9秒之間移至B。為甚麼這樣說呢？因為時間是連續的，所以實際上並沒有「第3秒」，當你認為是「第3秒」時，那便已經違背了時間的連續性，而是將時間分段來計算。如果連續，便應該說是：X至Y之間，或者Y到Z之間，不能說「第3秒」就是Y。

芝諾的錯誤推理，便是將時間分段來計算，由T0至T1，然後由T1至T2………，最後至Tn，這樣才能夠說，阿基里士走一段路，烏龜亦走一段路，倘如知道時間連續，便可以證明，當烏龜由P1走至P2時，在這固定時間中，阿基里士的運動相對位置，絕對可以由P0走至P3，那就超越烏龜了。

由這個悖論的辯論，便知道在時間連續體中，不可能存在「現在時」，正如林茲所說，不可能有一個「第3秒」。通過這個例子，便可以知道佛家為甚麼否定「現在時」的顯現，因為佛家着重「相續」。例如「心」，佛家即說為「心相續」，或只簡單稱為「相續」。於相續中可說「三時如一」，亦可以說「當下」，這「當下」不是「第3秒」，只能說是2與3相續中的一點，或3與4相續中的一點，這一點

不能定義為「第3秒」，只能說為「當下」。因此必須理解「當下」才能理解「三時如一」。

【論】　就在當下，應無執著，只讓心停留如無雲晴空相。

由於無可修，是故不必修，

由於無散亂，是故只須持着無散亂的正念，

在此境界下，無修無整，你且用赤裸裸的覺性來觀察任何事物，

這自己的覺性本知、本明，且光明耀眼。

當下生起時，此即名為菩提心，

無任何修持，它即已超越一切所知境，

無任何散亂，其本性即已澄澈光明，

現空即本來解脫，明空即是法身。

由於已了知佛道中無可修持，

此際，你真實地看到了金剛薩埵。

【疏】　於當下時，無有執著，所以喻為「無雲晴空」。由止觀生起的境界相，可以喻為「無雲晴空」，那是因為境界中更無由名言與句義生起的顯現相，這些顯現相可以比喻為雲。

對此境界，無修無整。因為行者此際已更無識境的一法可修，既不執持識境顯現，所以亦無須整治，行者的心亦無散亂。在境界中，行者已能由本覺而

覺（離一切名言句義、離戲論離分別而覺），此覺
性即名為菩提心。依甯瑪派的道名言，亦可說為悟
入「現空雙運」。如果一定要用言說來形容這境
界，只能說為「本知、本明、且光明耀眼」。筆者
在一些文章中，則將此狀態說為「本明、本覺、本
雙運」。這是強調一切都是根本、都是本初、都是
法爾。既然本來如此，由是即無修持可得。

頌文末句說「此際，你真實地看到了金剛薩埵」，
依原文亦可譯為「當下即真實而見金剛薩埵」，那
即是說，「金剛薩埵」亦是智識雙運的境界、現空
雙運的境界、菩提心雙運的境界。行者超越心一境
性而修等持，便是在金剛薩埵的境界中等持。

下來即依此當下相，說無見、無修、無行、無果。

## 十八、無見

【論】　接着，即是遮遣六種邊見且將之排除的教授：

雖有許多不同見地，既廣且繁，

這個心，即是你自己的根本覺性，事實上即自然
智，

基於這點，能觀與所觀實無分別。

當我們找尋誰為能觀時，找不到他，

這時，你的邊見即已遮遣且被排除。

【疏】　既了知當下，即能除一切觀修的邊見，前文已經說

過諸宗乘落於邊見而生障礙，是即聲聞的邊見、辟支佛的邊見、中觀家的邊見、下三部密的邊見、大瑜伽密的邊見、無比瑜伽密的邊見，如是六種。他們的邊見是由於未能悟入法性而起，是故未能心性與心法性相印，由是即有障礙。

若行者當下悟入根本覺性，即知法爾中實無能觀與所觀，因為觀的境界是法爾、覺受此境界的覺亦是法爾，既然一切都是「本初」（本來如是），本初中絕無世間的名言與句義，於心緣外境時，便只是當下之所見，也即是「唯心所自見」，那麼，於本初中當然即無能所。由無能所便能去除觀修的六種邊見。

此時，行者已悟入自然智，因為已悟入根本覺性。

【論】　這樣，你的邊見終止，便即是你自己的起點。

　　　　見與所見，無論何處都不存在，

　　　　是故一開頭即不落斷滅空的邊際，

　　　　於此剎那，當下覺性明了，

　　　　如是即為大圓滿見，

　　　　而無論知與未知，實無差別。

【疏】　頌文說「邊見終止，便即是你自己的起點」，這是很深密的教授，行者即由此起點入大圓滿道。

　　　　無能見與所見，才能究竟不落斷滅空。斷滅空毀壞

世間，不承認世間有，此見地即由落於邊際而成。
例如不承認「緣生有」，所以一說「緣生」，隨即
指為「性空」，雖然他們也說由於空才可緣生，似
乎是將緣生與性空雙運，但實際上，既然凡緣生即
已性空，那麼在空中生起的緣生便本來已空，是即
一切皆空，由是即成斷滅。這便必須用「現空雙
運」來救濟，「現空」中的空，是施設如來法身本
性；「現空」中的現，是世間的真實，是如來法身
功德所成就的世間有，因此，在「現空雙運」中
（在菩提心中、在根本覺性中、在如來藏境界中）
便可以說是「一開頭即不落斷滅空的邊際」。

行者當下悟入如實的雙運境界，便無能所，即「當
下覺性明了」，此時才能說為悟入大圓滿見。若離
此而說大圓滿，便依然是宗義邊際。此悟入的境界
亦是本然，無論知與未知，此境界亦本然存在。

## 十九、無修

【論】　雖然有許多修持法門，既廣且繁，

你自己的本覺心性，可直接參透，

所修之法與能修之人本來無二。

當你觀察修者時，無論他方修抑或未修，

因為於尋覓中實無修者，

這時，你的修持便即被遮遣與排除。

【疏】　由本覺心可以參透「所修之法與能修之人本來無

二」。為甚麼呢？因為實無修者。這是由上來所說決定無能觀與所觀而來。世俗建立能觀為修者，所觀為所修的法，於法爾中，二者皆不是，是故實無修者，亦無所修的法。由是一切修持亦便被遮遣與排除，只能視為接引行者的方便道。

【論】　是故你修持的終結便即是你自己的起點。

能修與所修既無一處在，

即不落於散亂，昏沉或掉舉，

於此剎那，當下無造作的覺性明了，

如是即為無作平等三摩地，

而無論修與未修，實無差別。

【疏】　說「修持的終結便即是你自己的起點」，即是說由了知無修而入大圓滿道，既是無修，當然便沒有觀修的障礙（散亂、昏沉、掉舉）。既無障礙，便能當下法爾覺性明了，如是入「無作平等三摩地」。覺性是法爾，由覺性入三摩地自然亦是法爾。所以覺性與三摩地是本然，即使未修，覺性亦在，三摩地亦在。這是一個很重要的證量，只有漢土的禪宗、藏地的大手印與大圓滿教法，才認可這個證量，因為三者實在都不立宗義。

## 二十、無行

【論】　雖然有許多行持，既廣且繁，

你自生起的俱生覺心，即是唯一明點。

所行之相與能行之人本來無二。

當你觀察行者時，無論他方行抑或未行，

因為於尋覓中實無行者，

這時，你的行相即被遮遣與排除。

【疏】　這裏說「所行之相與能行之人本來無二」，亦是在
俱生覺性中觀察，本初法爾覺心中實無行相與行
者，由是一切行即被遮遣與排除。

【論】　是故你行相的終結便即是你自己的起點。

自無始以來，能行與所行既無一處在，

即不落於謬誤及雜染，

於此剎那，當下無造作的覺性明了，

這一切法不立不破，任其如是而不作形容，

這樣的行持即為清淨，

但清淨與污染，實無差別。

【疏】　如上說理，便可以說行相的終結便是大圓滿道的起
點，於大圓滿道中，了知無始以來即無能行與所
行。既然無行，當然便沒有謬誤與雜染，由是當下
覺性明了，於一切法不破不立，亦不加以名言概

念，行持即然清淨。此清淨法爾，是故「清淨與污染實無差別」，以清淨與污染，只是不知法爾的分別相。

## 廿一、無果

【論】　雖然許多果位，既廣且繁，

心性即本具覺性，亦即法爾圓滿的三身，

能知與所知本來無二。

當你觀察證果，以及證果者，

因為於尋覓中實無證者，

這時，證果即被遮遣及排除。

【疏】　如上所說，行者亦無果可證，於俱生覺性中，法、報、化三身法爾圓滿，不須由修持與行持來建立，而且，凡所建立必是造作，若造作即失法爾，所以一切建立皆應遮撥。於三身法爾圓滿中，無能知與所知，亦無能證與所證，此如旅遊的人到了一個美麗的景點，這景點的美，非由旅遊者的造作而成，亦不由旅遊者的能知、能證，然後景點才有所知、所證的美，以此之故，既無證者，自然就沒有證果。

【論】　是故果的終結便即是你自己的起點。

證果與證果者既無一處在，

即不落於縛困與厭離，希求與怖畏，

你的當下覺性即成法爾內在光明。

了知三身無非只是你自己本具。

則此便為俱生佛道的證果。

【疏】　如上所說，果的終結便即是入大圓滿道的起點，此
　　　　際已無證果與證果者，由是即無希求與怖畏（不希
　　　　求得果，亦不怖畏不能得果）。於離希疑中，當下
　　　　行者覺性即成法爾內在光明，了知本具三身，證入
　　　　「俱生佛道」，此即大圓滿道。

　　　　上來所說無見、無修、無行、無果，都基於了知法
　　　　爾的本覺，與法爾的俱生覺性，故於法爾中了知
　　　　法、報、化三身無分別圓滿；輪迴與涅槃無分別圓
　　　　滿；佛與眾生無分別圓滿，這才可以說無見、修、
　　　　行、果，心識與外境都無分別，同時住於「唯心所
　　　　自見」的境界，於此境界中，既無內外的分別，亦
　　　　無心與境的分別，這即是大圓滿道的起點。

## 廿二、中道

【論】　根本覺性離八邊際，如常與斷等，

　　　　是故我說中道，即不落任何邊際。

　　　　我說根本覺性即為一心的無間顯現。

【疏】　佛說中道，是故諸宗無不施設中道，實則中道不須
　　　　施設，離一切邊際即是法爾中道，亦即於中道無所
　　　　造作、無所定義，所以不能說何者為中，何者為邊

（此意趣詳見於《辨中辨論》[6]）。

由俱生覺性即可覺知中道，依龍樹的說法，可以說為不生不滅、不常不斷、不一不異、不來不去，如是離八邊際。離八邊際的境界，實在即是如來法身與如來法身雙運的境界，唯此境界始能究竟離八邊際，此即大圓滿道的法爾中道。

由此法爾中道反觀法爾的根本覺性，即可說此覺性為「一心的無間顯現」。說為「一心」，即本無「心法性」與「心性」的分別，這只是一心的覺與未覺；說為「無間」，即心性相續（如凡夫的念念），心法性亦相續，是即無念（念念恆時不落名言與句義是為無念）。

【論】　既然空性充滿此心即是根本覺性，

則此便名為如來藏。

若能了知此義，即能勝超一切，

則此便名為般若波羅蜜多。

因自無始以來，此已非世智所能思量，而離一切概念的範限，

則此便名為大手印。

6　拙《辨中邊論釋校疏》可作參考。台北：全佛文化，2011。

以此之故，因其能勝解或否，

便成為涅槃樂及輪迴苦等一切法的因，

此即名為阿賴耶。

因其安住於它的本位時，非常平凡且無從生起差別，

此即名為平常心。

對此能加以許多名相，即使能勝解其義其聲，

它的真實義，卻都只是俱生覺性。

【疏】　本段頌文用種種相，次第說俱生覺性的法異門。

如來藏建立如來法身為空性，所以說「空性充滿此心」，即是說如來法身充滿此心，所以便可以說是如來藏，以如來藏心即如來法身故。

由了知「本性自性空」（一切法自性即如來法身本性），即能超勝一切空的施設，所以說是般若波羅蜜多。

於心性與法性相印時，即能「離一切概念的範限」，亦即能離一切名言與句義，由是離「世智所能思量」，這即是大心印的境界。

心性與法性本來相印，能否勝解，即是涅槃與輪迴的因，以此名為阿賴耶（不是阿賴耶識），此義出於《密嚴經》。

心性與法性相印的境界，本然平凡，無勝義的建

立，因為無從生起差別，既無差別，即無勝義與世俗的分別，此心便可名為平常心。這是漢土禪宗的意趣，亦是藏地大圓滿與大手印的意趣。

如是真實義，實質只是「俱生覺性」。所以俱生覺性是究竟中道，種種法異門的建立，只是依此究竟中道而作言說。

依本段頌文，即可簡別二乘，簡別菩薩乘的中觀與唯識。還須要說明一點，妙吉祥與龍樹的中道，亦實依此法爾俱生覺性的中道而立言說。[7]

## 廿三、外求

【論】　於此之外再加尋求，

即如已有一象在廐，卻到處去尋象的足印。

即使你拿着繩尺想去量度法界，你決不可能將它整個圍繞，

如果你不明白一切法由心顯現，則絕不可能通達佛道。

若不知甚麼即是根本覺性，便有如心外求心。

若你於身外到處去尋找你自己，又怎能找到自己。

此即如傻子走入一大群人中，

---

7　邵頌雄已全部繙譯及解釋龍樹的讚歌集，名為《龍樹讚歌集密意》，收入本叢書。此書可幫助讀者澈底了解龍樹的中道，並不是「因為緣生所以性空，因為空所以緣生」這麼膚淺。

因那場面便心生困擾，

他不認識自己，便到處去尋找，

於是一再犯錯，指別人是他自己。

【疏】　此說「心外求心」之失。本是一心，只是覺與未覺
的區別，若覺俱生覺性，心即住於法性，且了知一
切法都是心法性上的隨緣自顯現，若然未覺，則只
知一切法唯識顯現，那就是將心識去量度法界；或
只知一切法緣生，而不知緣生法要依空性基（法
身、如來藏），那亦是將心識去量度法界，二者都
落於概念，前者落於唯識，後者落於心識建立的緣
生，由是二者都陷於「心外求心」。

此處用三喻說「心外求心」。

「一象在廄」，卻到處求象的足跡，是比喻凡夫心
有佛性而不自知，是即不知本初具足的俱生覺性，
卻到處去求能生起本覺的法。

拿繩尺去量度宇宙，是比喻求法的人若落於宗義，
便是拿有邊有量的識境工具（心性工具），去範限
無量無邊的如來法身與功德雙運境界。

傻子在人群中找尋自己，是比喻受所知障所困，由
是心生困擾，不敢把自己當成自己（不敢承當心性
即是法性），於是在觀修時，見、修、行、果都落
於邊際。

【論】　因為你不見一切法的實際安排的自然境界，

你即不能知此乃由心顯現，由是一再墮入輪迴。

因為你不能見自己的心真實為佛，由是涅槃即成障礙。

所謂輪迴與涅槃，無非只是無明與覺。

但於剎那頃，實際上二者卻無分別。

【疏】　一切法都是如來法身上（也可以說是心法性上）的隨緣自顯現，這便是「自然境界」的「實際安排」，若不知此「由心顯現」（由心法性顯現），便陷於識境而不能解脫；若不見「自己的心真實為佛」，即因受障礙而不能涅槃。

論主由是說究竟決定見，輪迴涅槃只是無明與覺，無明是客塵，覺則是本初法爾，然而無明的心與覺心實無分別，所以說為一心。

【論】　倘若你於心外去察覺它們存於何處，此即為迷誤。

然誤與無誤，實亦同一自性。

由於有情心識的瀑流，實不由差別為二的一切法所成，

無整無治的心性，只須安置於它自己的自然狀態，就即是解脫。

你若不覺根本的迷誤或妄念即由心生，

則你將不能了知真實自性的真實義。

【疏】　若以為無明外在，我們的心只受無明污染；或以為

覺心外在，我們的心可以由外來的法生起覺性，那便是迷誤。論主恐怕讀者對迷誤作分別，所以特別指出「**誤與無誤，實亦同一自性**」，這便是依如來法身上一切法的本性自性來決定，既然一切法的自性都是本性，有如一切鏡影都是鏡性，所以誤與無誤無別，如是即可現證無分別。

世間落於相依相對，是即將一切法建立為二，涅槃與輪迴為二法、佛與眾生為二法、善惡為二法，如是種種建立，即不能認識自己的心相續。是故「**無整無治的心性**」（本來不落二法的心性），便即是無分別的心性自然狀態，如是即成解脫。

所以說，根本的迷誤與根本的妄念，實由心造，若不覺知此心的造作，即不知「**真實自性的真實義**」——一切法自性即如來法身本性，是為「**真實自性**」；心的真實自性（心法性）與如來法身無二無別，是為真實義。

## 乙二、外顯現

【疏】　說外顯現，非唯是說外境，亦即非唯是說現象，這是說一切隨緣自生起的法顯現，包括具體與抽象。

## 廿四、顯現

【論】　你須觀察甚麼是自生起，甚麼是自存在。

一切顯現，開頭總應從一處生起，

然後總有一處停留，最後則總有一去處。

當觀察這些時，舉一個例，就正像烏鴉凝視着一口井。

當它飛離這口井時，他的影子便同時離開井水而且再不回頭。

心的顯現生起實亦如是。

它們由心生起，亦於心中解脫。

【疏】　這裏決定，心是生起一切法的源頭，現象停留於心中，最後亦離心而去。此以鴉影為例，當烏鴉凝視一口井時，鴉影在井中生起，亦停留於井，當烏鴉飛離井時，鴉影即離井而去，而且再不回頭，因為烏鴉再回頭時，已經不是同一個鴉影，這便可以說，鴉影離井即是鴉影的自解脫。

悟入自生起、自解脫非常重要。倘若不是自解脫的話，便有一個令人解脫的解脫者，或者有一個令人解脫的宗義。

【論】　心性能知一切法，亦能覺一切法空而明。

　　　　正如頂上的天空，自無始以來，空明二者即不分開。

　　　　自然智的現量光明，

　　　　決定一切即是法性。

　　　　它的存在即是萬象的存在，

　　　　你只能在你自己心中起覺，而此即是心本性。

【疏】　心性能覺知一切法，若落於識境而覺，受識的分別所遮蔽，那便是無明，若不受遮，即見一切法空明，有如天空。

　　　　由此空明，悟入「自然智的現量光明」，即可決定一切法實在是法性中的自顯現，因為心本性即是法性。萬象依心法性而成顯現，實在是依法性而成顯現。這些顯現只在心中起覺（覺受這些顯現），是故可說，一切法只能在心中生起、一切法只能在心中存在、一切法只能在心中起覺，這便是心的本性。

【論】　由於起覺與明，故了知此即有如天空。

　　　　然而，即使我們用天空來說心性，

　　　　事實上，此亦無非是說得事物一邊的譬喻。

　　　　心性本空，其為根本的覺，於無處不清淨，

　　　　而天空則無任何覺性，它的虛空有如無生氣的頑空。

是故心的真實義實不能用天空來表徵，

因此不須煩擾，只須簡單地讓心安置在它那如是的
境界。

【疏】　用天空來比喻心與法，並不是一個完整的比喻，實
際上任何比喻都有如跛子，只比喻得一邊。當說一
切法的生起、停留與消失時，比喻為天空，那些法
便有如空際的雲彩霞霧，呈現為天空生起，停留於
空際，在空中消失等等現象，但卻不能比喻本覺，
因為天空無有覺受，是故不具覺性。這便須要超越
天空的比喻來認識心本性，那便是「讓心安置在它
那如是的境界」，這即是《入楞伽經》所說的「唯
心所自見」，也可以說是「唯心所自覺」。

只有唯心所自見，才能心住光明；只有唯心所自
覺，才能由本覺而覺一切法的自顯現。

## 廿五、差別

【論】　更者，顯現的差別，即說明了世俗諦，

此顯現無一為勝義中的真實生起，是故它們便一一
還滅。

一切事物，一切現象的存在，無一不在輪迴與涅槃
之內，

它們僅作顯現，由個人的個別心性加以考察。

偶然，當其內心現流有所改變時，

即將有顯現生起，但卻覺察為外在的變易。

是故所見的一切法皆為心的現象，

而六道有情所見，都基於他們的業力。

【疏】　一切法的顯現有差別。同一顯現，卻可以成為不同的顯現相。此如佛說，人見為水，餓鬼則見為膿血。其實不只這樣，人依業力不同、習氣不同，或者說文化背景不同，亦可以將同一顯現，理解為不同的現象。例如印度和西藏的天葬，將屍體割碎來餵飼烏鴉，他們認為是功德，這功德可以令死者生天，我們便一定會覺得殘忍，這便是對現象有不同的覺受，是故顯現即成差別。

由此便可以知道世俗諦的範限，同時也知道覺受世俗的範限，由是可以決定，「所見的一切法皆為心的現象」，心的現象有差別，覺受即有差別。這些覺受不能說為本覺，因為既有差別，即必有名言與句義的差別。例如前說天葬的例，印度和西藏人的概念是功德，漢人及西歐人的概念則是殘忍。

## 廿六、現象

【論】　外道用常見來看此一切，或用斷見，

九乘看事物，亦用他們的各別觀點。

是故有許多考察事物的不同方法，亦有許多不同的詮釋。

由於你執著於此種種差別，於是便成過失。

【疏】 外道由「常見」或「斷見」來認識顯現，那便不是依本覺而覺；九乘依宗義來認識顯現，亦不是依本覺而覺。總而言之，凡執着於差別相的行人，必有過失。

九乘宗的無上瑜伽續部，雖然已能依本覺而覺，但最後的障礙，卻正是執着於本覺，當行人執着於本覺這個概念時，其實已不能生起本覺，因為他已經落於本覺的差別相。這正是無上瑜伽續部行人的難題，也同樣是漢土禪宗行人的難題。下來即說如何解決此難題。

【論】 對心中所覺的一切法顯現，

即使覺其由心生起，只須不對之執著，此便即是佛道。

顯現本來無誤，只因執着而成過失。

若了知能執者即是心，則你便可於此中解脫。

【疏】 覺一切法自顯現，如果執着於是心中的顯現，由於執「心」，是即本覺不起，必須對「心」亦無執着，那才是佛道（無學道）。《密嚴經》便是詮釋「心無」的重要經典，密嚴定即是「無心」的禪定。

論頌說「顯現本來無誤，只因執着而成過失」，是很重要的決定見，這是超越「一切唯心造」的決定見。行者若能了知能執着「心」的便正是心，便能

離開「心」而覺,是即解脫。禪宗的祖師禪強調「最後一着」,正是這個理趣。大圓滿道口訣部要超越「心部」與「界部」,亦是這個理趣。

【論】　一切法的顯現無非只是心的現象。

即使外在的無生宇宙,全體在你面前呈現,無非只是心的現象。

即使一切六道有情,在你面前呈現,無非只是心的現象。

即使人類的福祉,以及天人的歡悅,呈現於你面前,無非只是心的現象。

即使三惡道的煩惱,呈現於你面前,無非只是心的現象。

即使無明與愛慾如是五毒,對你呈現,亦無非只是心的現象。

即使根本覺性,即自生的俱生覺性,對你呈現,亦無非只是心的現象。

即使涅槃道上的善念,對你呈現,亦無非只是心的現象。

即使由魔生的障礙,對你呈現,亦無非只是心的現象。

即使天人以及其他的善成就,對你呈現,亦無非只是心的現象。

即使種種清淨，對你呈現，亦無非只是心的現象。

即使一心不亂的境界，對你呈現，亦無非只是心的現象。

即使一切法所現的表色，對你呈現，亦無非只是心的現象。

即使是無定性及無定見的境界，對你呈現，亦無非只是心的現象。

即使是一多無二的顯現，亦無非只是心的現象。

即使是於無一處生起的生與無生，呈現於你，亦無非只是心的現象。

是故能知的一切法，實無一不來自心。

【疏】　這裏說「一切法的顯現無非只是心的現象」，這是究竟決定。由此決定，即可作種種抉擇。論頌作種種舉例，隨文易知，但須留意，須要離戲論、入無分別來看這些顯現，才能決定其為「心的現象」，這便正是《入楞伽經》所說的「唯心所自見」，除心之外即無所見，是即不落戲論與分別而見。

# 廿七、赤裸

【論】　因有無礙的心性，是故顯現即相續生起。

如海洋中的波與水，它們實為無二無別，

是故一切所生，都於心的自然境界中解脫。

【疏】　心性無礙，所以一切法即能任運成就，是即顯現相

續生起，這生起有如水波於水中生起，然而水與水波實無二無別（只呈現為差別相），必須依此決定，然後才能說「赤裸」。赤裸即不受束縛而現本然相，如見波為水相（不見為水與波的差別相），是故赤裸的心便可以在自然境界中解脫。

【論】　不斷給事物以名相，有多少名相用來說心，

然於真實義中，心不存在於一以外。

復次，此一既無基礎，亦不以任何法為基。

即使它只是一，你亦不能於任何特定的方向去尋找它。

它不能在任何指定的場合看得到，因為它不為一切法所造。

也不是在虛空中就能見到，即使它自己的清淨光明與覺性，透射一片光華於虛空。

也不是於差別處就能見到，因為明空無別。

剎那的自覺性清淨呈現。

【疏】　心便是心，不落名相，亦不依任何法為基，所以說之為一心，或說為一。既然是一，便無相依、相對。

若說，既認為一，便應該有一個方向。這亦是誤解，因為「方向」的成立，便已經是名言句義的成立。

一的境界，即是根本覺性的境界，在言說上說之為清淨光明，但這亦只是言說，若由此言說，引導行者生起本覺的心境，落在「清淨」或「光明」的境象，但亦非本覺境界。

我們亦不能由簡別來現證這個一。佛家雖然有簡別法，例如說紅，只須簡別不是白、不是藍、不是綠、不是黃。於簡別盡一切顏色後，我們便得到一個紅色的印象，但此簡別，不能將一簡別出來，因為他是一個離差別的境界，只能說為「明空無別」。明是依如來法身功德、空是如來法身本性的施設。

所以究竟決定：「剎那的自覺性清淨呈現」。由於「剎那」，所以不是反覆思維，例如思維這合不合符我的宗義；由於是「自覺性」，所以離開造作；由於清淨，所以離名言句義、離戲論、離分別。

【論】　即使有所作存在，仍然無能作者作為媒介的覺性。

即使沒有任何內在的本性，證悟便是真實的證悟。

若能如此修持，那麼一切法都將解脫。

亦能令你的心識當下知一切法，而無須任何世智作增上。

【疏】　「覺」不是「取」，所以可成立能取所取，卻不能成立能覺所覺。此中最大的關鍵是媒介，「取」有媒介，「覺」則無媒介。也即是說，當說「取」時，必須有一個作為媒介的個體，例如由「我」去

取。為甚麼不能說由「我」去覺呢？因為當「取」
的時候，只能有一個去取的個體，每個個體的所取
則絕非相同，是故便有差別相，因此可以定義，
「取」有一個「內在的本性」，必為一個體所取。
然而「覺」則不同，一切本覺同一境界（心歸於
一），甲起本覺，乙起本覺，本覺都是同一境界，
是故便不是有差別的境界，由是不能說由甲去覺、
由乙去覺，是即覺無「能所」這個內在的本性。

行者修持，可以說是修持本覺，一切法門都為此而
建立，這便是如來藏究竟法門、無二究竟法門。建
立種種法異門，只是為修持究竟法門鋪路。

【論】　正如芝麻是油的因，乳為酪的因，

可是，不去搾就沒有油，不去攪拌就沒有酪，

是故一切有情，即使已具足真正的佛性，

若未經引入修持就不給認為是佛，

倘他去修持，他便是牧人亦能真實解脫。

即使他不知經教，他亦能依次第在證悟中建立他自
己。

有如人能在自己的嘴中知道真實的糖味，

而不須別人去說味道如何如何。

不明白這根本覺性，即使是大學者亦會犯錯。

即使他們於九乘知見能生勝解，

都如對未曾親歷的地方說東道西。

至於佛道，他們則未嘗片刻親近。

【疏】　一切有情具足佛性，有如芝麻具足油、乳具有酪。要搾芝麻才有油、要攪拌乳才有酪，所以必須引入修持才能證悟本來具足的佛性。由修持才能成佛，這亦是本然的事，牧人不識字，所以不知經教，但若次第修持，亦能次第證悟。像吃糖的人，只須如實去吃，便都能吃出真實的糖味，假如說糖的味道如何如何，那便只是宗義。

大學者若不知根本覺性，即使了知九乘知見，亦只是皮外搔癢，於佛道未曾親嚐。

這段頌文是為了避免行人忽視修持，因為說根本覺性無見、無修、無行、無果，而且認為自己本然是佛，那便真的不作修持。此即有如不去搾芝麻，卻認為自己拿着芝麻便已有麻油。

【論】　倘若你了知根本覺性，則你的一切善惡都將如實解脫。

但若不了知時，你所作的一切善惡行，

即將積聚為業，引向善道或惡道輪迴。

倘若於自心中，你了知虛空俱生覺性，

則善與惡的果都將不能成實，

此有如於虛空天際無法生起瀑流。

在空性自身的境界中，無善惡的客塵生起，

是故你的自明覺性即可赤裸裸地見萬象。

由見赤裸覺性即能自解脫，這是大奧秘。

你可由自生覺性來宣稱獲取了它。

密封！

【疏】　根本覺性須由現證來了知，苦未現證，這「根本覺性」便亦只是一個名相，不能因為知道這個名相便得到解脫，「知道」並不等於「了知」。此如我們知到有一個「加拿大」，並不等於了知加拿大。筆者住在加拿大二十餘年，連自己住的社區都未曾了知，甚至說起來你也不信，我連自己住了二十餘年的房子都未曾了知，我對房子的知見不及菲傭。

若能了知，則無善惡；若不了知，則積聚為業。何以故？因為在虛空俱生覺性的境界中，善惡不能積聚為客塵，這便不能積聚為業。

論主於是作出究竟決定，「是故你的自明覺性即可赤裸裸地見萬象，由見赤裸覺性即能自解脫」，並宣稱這是大秘奧，這便是論主的究竟直指，對此直指不宜解說，讀者由上來的論文應可悟入。

印！印！印！

# 甲三、後分

## 廿八、結語

【論】　多奇異啊！

以此《藉見赤裸覺性得自解脫》作為對一己根本覺性的直接指示，

此乃為利益末法時期之後世有情而作。

我的一切密續、教授與口訣，

經如所須的精簡後，已完全列入。

即使我如今播下此種子，卻仍須密封，

未來世善業成熟者當能獲取。

三昧耶！吔吔吔！

【疏】　藏密傳法分為密續（rgyud）、教授（lung）、口訣（man ngag）三科，此即外、內、密教授。論主說本論已將三科包括在內。

本論只為播種，仍待善業成熟者獲取，是故仍須密封。

【論】　本論為對真實根本覺性，或當下顯現境界之教授，

標題為《藉見赤裸覺性得自解脫》。

由鄔金上師蓮花生造。

直至有情輪迴未空，解脫他們的大事業都不能放棄。

吉祥。

【疏】 說本論為對真實根本覺性的教授，即是說「內覺性」一份；說本論為當下顯現境界的教授，即是說「外顯現」一份。二者雙運，即是「藉見赤裸覺性得自解脫」。

願吉祥。

# 譯者後記

本論為蓮花生大士所造，造後巖藏，由持明事業洲（Rig 'dzin Karma gling pa, 1376-1394）於十五歲時取出。

本論為《由寂靜及忿怒尊密意中得自解脫之甚深教授》（*Zab chos zhi khro dgongs pa rang grol*）之一部份，標題為《藉見赤裸覺性得自解脫》（*Rig pa ngo sprod gcer mthong rang grol*），為「大圓滿」（rdzogs chen）之甚深教授。

「大圓滿」為藏密甯瑪派（rNying ma pa）的不共法，與噶舉派（bKa' brgyud pa）的「大手印」（phyag rgya chen po）及薩迦派（Sa skya pa）的「道果」（lam 'bras）有所不同。此法門由印度持明無垢友（Vimalamitra）從印度傳入西藏，其後蓮花生大士（Padmasambhava）遣弟子遍照護（Vairocana）入印求法，亦得傳承而歸。

「大圓滿」分三部，即心部（sems sde）、界部（klong sde）、口訣部（man ngag sde），本論統攝三部，依口訣而說心相，故亦可說是為心部的口訣部，或口訣部的心部。

心部修習為排除一切名言概念，離善惡兩邊、離取捨兩邊、離因果兩邊，由心自然生起一切法，亦即視諸法皆為自心本覺（自然智）的自顯現。它跟禪宗的「見性」有所不同。見性尚須以心印境，然後心境雙遣，此處依口訣部的見修則不須

印境,直視一切法為赤裸裸的空性(本性自性)[1],而此空性即由根本覺性流露。唯所謂根本覺性其實亦無自性,不過為名相的安立,實質僅為心識境界。——認識這一點非常重要,否則即易誤執心為真常。

甯瑪派的「大圓滿」,基於「大中觀見」,亦即「瑜伽行中觀」的見地。依藏密所說傳承,為普賢王如來(Samantabhadra)向金剛薩埵(Vajrasattva)說法,報身金剛薩埵傳與天、人、龍、藥叉、羅剎等五持明,其中的人持明即為維摩詰(Vimalakīrti)。

其後俱生喜金剛(dGa' rab rdo rje)復得金剛薩埵現身面授,於是「大圓滿」法門始有口耳傳承。其時為西元一世紀頃。

「大中觀見」即「如來藏」。漢土華嚴、天台兩宗雖主如來藏說,但其見地則與藏密所傳不同。主要區別,在於漢土學者視如來藏為佛的本體,而藏傳則視之為佛的本能。本體與本能二者大有分別。前者可勉強判之為「真常唯心」(其實所判亦不合),後者則絕對不受此判,以其離一切邊際故。

晚近研究中觀的印順法師,以及研究唯識的羅時憲教授均力闢如來藏,其所闢充其量只能牽合到漢土所傳的如來藏說。蓋若視如來藏為本體,尚勉強可判其為「空後轉出來的不空」,或依《大乘起信論》說「一心二門」有問題,但說為本能,則絕對不受此二種遮遣。細讀本論,即可知藏傳與漢土立

---

1 佛家的究竟空見是「本性自性空」,詳見於拙《無邊莊嚴會密意》一書。簡單地說,若說一切法有「自性」,其自性必為「本性」,此如一切鏡影的自性,必為鏡性。若將本性施設為空,則一切法自性空。

論不同之處。

　　本論第六段，明說「心」非真實存在（無自性空），然而卻有種種名相，如心性、梵我、無我、心識、般若波羅蜜多、如來藏、大手印、唯一明點、阿賴耶識、根本覺性等等。這些名相，或為外道安立，或為佛家各宗安立，因心無自性，這些名相當然亦無自性。而且，種種名相僅為心所顯現的境界，若生執著，則將謬誤地視之為「本體」（如梵我），倘無執著，則境界便只是境界。對於境界，便無空與不空、一心二門等問題存在。

　　本論第廿六段，亦說明了這點，一切法都只是心的現象，涅槃亦是現象，由是即知「如來藏」並非真實本體，只是有識境隨緣自顯現的智境，任何境界都不須建立本體。所以「大圓滿」的「大中觀見」，以輪迴及涅槃都只是境界，行者對兩種境界都不應執著，一執著，便落到本體的層次。

　　這一點，筆者在《金剛經導讀》中就已然提過。「無為」只是一種境界，但是當我們對它一生執著時，即便成為「無為法」。所以討論「無為」，根本無本體可以討論，但當討論「無為法」，便可說其本體為有為無。

　　「大中觀見」的如來藏，沒有本體的問題存在，原因即在於此。讀本論時，須留意「境界」這一關鍵。否則又將落入本體的角度，去討論本論提到的「根本覺性」、「俱生覺性」、「心性」等等名相。

　　或難曰：何以又有「空如來藏」與「不空如來藏」呢？說「空」與「不空」，所說的還不是本體？

　　答曰：這兩個名相，所指的仍是境界，法身施設為空，

法身功德則不空，是即兩個境界。

藏密甯瑪派認為《入楞伽經》即是說如來藏的經典，而且全經皆說如來藏。──筆者已將這觀點寫入《楞伽經導讀》中，並依此將全經正宗分，科判為「說如來藏」、「修離垢證如來藏」、「證如來藏心識」三科，讀者可以參考。這個觀點，跟漢土諸宗說《入楞伽經》不同，亦跟唯識家不同。

《寶性論》的作者（藏傳為聖彌勒）很瞭解《入楞伽經》的觀點，因此依此三科說──

> 不淨與染淨　及圓滿清淨
> 次第相應者　凡夫菩薩佛[2]

《釋論》說「境界不淨（aśuddha）者名為有情界（sattvadhātu）；境界有淨及不淨（aśuddhasuddha）者名為菩提薩埵（bodhisattva）；境界圓滿清淨（suviśuddha）者名為如來（tathāgata）。」[3]所說的即是證未證如來藏的三種心識狀態：凡夫不知本具如來藏，受雜染而無明，是名阿賴耶識；菩薩修離垢證空如來藏；佛圓證如來藏果，由後得建立世間而不空。

或難曰：如是說如來藏，豈不落入斷滅空邊？

答曰：不落斷滅。因為雖然將離垢的心識亦視為自性空，但卻承認它的力用。所以雖然將如來法身的本性施設為空，但卻承認如來法身功德不空。此如大日，可以施設它的本體為空，但卻必須承認，由大日發出的光與熱，其功能為不

---

2　依拙譯《寶性論梵本新譯》第一品，頌47。台北：全佛文化，2006。

3　同上，頁82。

空，是故不同視一切法為虛無的斷滅空。

本論第七段有云——

　　但亦非空無或虛無，因為它光明且顯現。

光明即是如來藏（根本覺性、自然智）的境相，顯現即是它的力用（能流露為一切法的顯現）。如本論廿七段云——

　　因有無礙的心性，是故顯現相續生起。

正因心性本體空，才能相續生起顯現（若心性不空，這不空便可以妨礙顯現）。此即如聖龍樹在《中論》中所說——

　　以有空義故，一切法得成。[4]

空故無礙，一切法得成即顯現相續生起。是故不能說為斷滅空。

這樣說「如來藏」，即「大圓滿見」（「大中觀見」），實不執著於名相，蓋由實修的境界親作體驗。於本論第廿七段即有此開示。

能持這種見地來讀經論，讀者當會發覺，對經論即易生勝解。筆者個人的經驗是，即使是研讀《心經》、《金剛經》、《中論》、《現觀莊嚴論》，亦能別有會心，不落於一般的詮釋。

禪宗二祖慧可說《楞伽》，擔心此經於後世將流為名相

---

4　大正・三十，no. 1564，頁33a。今人常將「空義」理解為空間，例如說有一物在，便不能放置別的事物，這是對龍樹說法的誤解，實質上「空」是指如來法身，「空義」即如來法身的境界。梵文artha可譯為「義」，亦可譯為「境」。這兩句頌文即是說如來藏。如來藏是在如來法身境界上，有一切法隨緣自顯現。前者即是「以有空義故」，後者即是「一切法得成」。如是方為龍樹頌的正解。

之學,即是擔心後人脫離實修來理解如來藏。這種觀點,恰與藏傳的說法相呼應,很值得我們研究。

因此便知本論的主題,實為指示行者如何修證如來藏(體驗心識當下離垢的狀態),此即於修止觀時,止心於一切法,卻同時觀其為空性(如來法身本性)的赤裸裸顯現(參考本論第九段)。——如是修止觀雙運,實尚有一系列前行作為基礎,此即名為「九乘次第」。而這樣的止觀雙運,蓮花生大士於本論中則喻之為第十一乘。

因欲瞭解「大圓滿」,必須先瞭解「如來藏」,而說甯瑪派「如來藏」觀點的漢文著述則未見,故略說如上。

或難曰:何以西藏論師不明說如來藏具如上說?

答曰:實已明說,如本論即已明說不空如來藏、空如來藏與阿賴耶識,只是未針對漢土學者的見解來說而已。未針對不等於不針對,讀甯瑪派大圓滿諸師的論述(如本論即其一),便可瞭解。

如今於港台兩地,稱為「大圓滿心髓派」的組織林立,然而由其著述及言論,卻未見能點出「如來藏」此一關鍵。佛法重實修,密乘尤然,此關鍵亦須由實修體會,且須知應修甚麼法然後才能體會,否則仍必流為名相之學,或說食不飽的「口頭大圓滿」。心所謂危,不得不說,希望對「大圓滿」有興趣的人,能深知此中道理。

譯者與本論有甚深因緣,能完成此譯,感謝三根本及三寶護持。

若有少份功德,願以東方不動妙喜剎土之光明對有情普作回向。

　　西元一九九五年歲次乙亥，正月人日，無畏金剛談錫永譯竟於圖麟都荊山關房，並於雪月交輝中作後記竟。西元二千十四年歲次甲午，略作改訂。時年八十。吉祥。

下篇：《心經》頌釋

# 《心經》頌釋

　　本論所釋《心經》不能唯依玄奘譯，所以附上筆者依梵本輯譯的譯文（下為【頌文】），以便讀者對照。

【頌文】頂禮佛父佛母雙運壇城

般若波羅蜜多心　　總攝般若經義理

說體性亦說修證　　般若義理即此二

修為現觀諸莊嚴　　證則究竟無分別

今此心經說修證　　證無分別第一義

然而此義實甚深　　故分三義而說此

外義內義與密義[1]　　學人次第而認知

---

1　甯瑪派（rNying ma）詮釋經論，一般分外、內、密三層意義。外義以說明義理為主；內義廣明修習與修證；密義則直指修證果。由是三者亦可說為基道果，然三者皆須現證，非徒為知識理論而已。

【疏】　無論輪迴界涅槃界，皆為法界莊嚴，因為輪涅二界
　　　一切法，都是如來法身上的識境自顯現，所以說為
　　　法界莊嚴，此即行者觀修的範限。由此觀修，可次
　　　第現證無分別，由是證如來藏果。所以頌文說「**修
　　　為現觀諸莊嚴，證則究竟無分別**」。此義可與彌勒
　　　菩薩《現觀莊嚴論》相通。

　　　本論釋《心經》，依外、內、密三義而說，說為
　　　基、道、果續，實為印度論師的傳規。如龍樹諸論
　　　頌，亦可依此分類。此如《六十正理論》可以視為
　　　基續；《中論》可視為道續；《讚歌集》可視為果
　　　續。

## 一、外義 —— 基續

【頌文】　外者一切相體性　　是即說為蘊處界

　　　　　十二因緣及四諦　　佛所建立不能壞

　　　　　是故但空其自性　　依龍樹說生勝解

　　　　　由緣起故說為空　　了義唯許應成派[2]

　　　　　於其自相亦不許　　無性相故相即敗

　　　　　一切顯現皆世俗　　執此即墮生死海

---

2　依外義而言，應成派可說為「了義」，是故甯瑪派上師，如龍青巴尊者
　（Klong chen rab 'byams pa, 1308-1364）等，皆判應成派於「性相乘」
　（mtshan nyid kyi theg pa）中最為第一，然於果乘「金剛乘」，則以「極無
　所住」之大圓滿見為了義。由是，甯瑪派依清辯大師（Bhāvaviveka）判應成
　（Prasaṅgika）及自續（Svātantrika）二派中觀為「粗品」，屬外中觀。自宗
　為「了義大中觀」（nges don la dbu ma chen po）。然而應成派說龍樹緣起，
　僅說為三：相連（業因）、相依、相對，未說相礙。「極無所住」則尚須離
　相礙，始能現證平等性。

【疏】　佛說蘊、處、界，已包含輪迴涅槃二界一切法。其說四諦，即總攝輪迴界一切法的本質而建立其體性；其說十二因緣，即總攝輪迴界一切法的緣起。所以四諦及十二因緣，便即是佛說世俗。蘊、處、界（除法界外）亦即世俗，此等佛說，不能壞滅，說之為空，亦非壞滅。依龍樹說緣起，實在是由緣起的重重超越，來認識「本性自性空」。關於這些，本論未細說，但已於說如來藏諸書中詳論，今不贅。頌文說「依龍樹說生勝解」[3]，便是這重意思，並不是說因為緣生所以性空。

　　由上篇《直指教授》可知，欲證本覺，行者不能落於宗義，因為凡有宗義必落邊際。印度應成派即不立宗義，應敵成破，亦即是於敵論者立宗時，即應其所立而破，所以在「性相乘」中最為究竟，可許為了義。

　　應成派超越自續派，最重要的一點差別，便是自續派許有自相，應成派則不許。若許有自相，便即是許有一切世俗顯現，所以執着自相便不能解脫。

---

3　括號內的引頌皆依本論，下同。

【頌文】　如何說為無性相　　此非空性斷滅見

　　　　　諸法不依自性相　　自性不依其顯現

　　　　　此從顯現說緣起　　故可譬喻為陽燄

　　　　　人若行至陽燄邊　　如何得見水現前

　　　　　是則陽燄之自性　　焉可說為依相變

　　　　　由是可知諸法相　　實無自性如其面

【疏】　不許一切法有自性相，並非斷滅空，只是真如實相。若許自性相，相的自性便必須依其顯現而建立，這便有如依水的流動相來建立水的自性、依火的燃燒相來建立火的自性，這不真實。

自性相必須依緣起來建立，亦即一切法的顯現必須依緣起來建立。此如依「相依緣起」，一切法的顯現即依分別心識而成立；若依「相對緣起」，一切法的顯現即依心性而成立；若依「相礙緣起」，一切法的顯現即依其於如來法身功德中適應範限而成立。譬如陽燄，遠見為水，近則不見，那便是陽燄相適應陽光的照射與反射，由是成為不同的顯現。

以陽燄為例，即可知不能依相來決定一切法的自性。此亦如不能依流動相、燃燒相來分別決定水與火的自性。筆者說為「**由是可知諸法相，實無自性如其面**」。

【頌文】　如是諸法自性空　　顯現相亦非世俗

　　　　　若許自性依於相　　此即如樹之於木

　　　　　樹相許為世俗有　　木性如何非世俗

　　　　　世俗若然有自性　　勝義空應難立足

　　　　　故說一切法空相　　依止應成非自續[4]

　　　　　無自性相性亦空　　是即相繼說為六

　　　　　生滅垢淨與減增　　遍計[5]生於心相續

　　　　　是為二取名言執　　邪執欲除應修學

---

4　無垢友尊者（Vimalamitra）的釋論中，於釋「一切法空性無相」句時，即暗指自續派見地實非了義，詳見《般若波羅蜜多心經廣釋》。自續見之為不了義，主要為建立自相有為世俗，此即為應成見所破。

5　彌勒立三自性說諸法相，即一、遍計自性（parikalpita-svabhāva）；二、依他自性（paratantra-svabhāva）；三、圓成自性（pariniṣpanna-svabhāva）。此三自性實為行者觀一切法時之三種心識狀態，凡夫妄執名言見一切法為實有，故所觀一切法現為遍計自性相；若觀一切法依心識變現，或依心性顯現，知其虛幻不實，一切法便現為依他自性相；若了知真如實遍一切法，不生不滅，不常不斷，不增不減，則證一切法圓成自性相。行者現證此三種心識變化，即為修證次第，亦可說為行者依次第離分別。故彌勒又說「三無性」，即相無性、生無性、勝義無性。由是於勝義無自性中，圓成性亦非所緣境。此三性三無性說可參閱《解深密經‧一切法相品》。

【疏】　這段頌文是針對自續派而說。自續派許「世俗有」，因為同時又許顯現相，那便即是以顯現相為世俗，這不合理。如果說一切法的自性皆依其顯現而有（「若許自性依於相」），那麼，木顯現為樹，若許樹相為有，那麼木性便亦應該成為有，不能說「木自性空」。

　　由此可以決定，當說一切法空相時，應依應成派，不應依自續派。《心經》說「空性無相」（「無自性相性亦空」），即由無生無滅、無垢無淨、無減無增而說，這便是：不許依顯現相來建立一切法的自性、應該由一切法的任運來認識顯現相。若執有生相、滅相等，是即遍計，亦即是執着二取顯現與名言顯現。[6]

---

6　《辨法法性論》說世俗執着能取所取，是故成立一切法為有，然後又替它建立名言，於是一切法便由二取顯現、名言顯現建立為有。

【頌文】生滅二相依緣起　緣聚而生散而死

　　　　須知生滅本同時　說為無生依此理

【疏】　分別說生滅等六事，今遮撥生滅二相。

生相與滅相都是任運，能適應相礙的局限，法便生起，及其不能適應時，又或者局限的條件變化，法便散滅。此如侏羅紀時代的恐龍，因為適應當時的環境，於是「任運圓成」而成為當時的地上霸主，及後環境改變，這任運圓成即便消散，於是世上更無恐龍。由是不能說生相滅相有自性，因為他不是依自性而生滅，只是依相礙緣起而生滅。

再深一步觀察，生滅實在同時，佛家舉例，當散指生起掌相時拳相即滅；反之，當握指成拳相時掌相即滅。其實還可以舉更容易理解「同時」的例，此如人的新陳代謝，新細胞的生，與舊細胞的滅，必然同時。亦即生相與滅相必須同時，否則便不能稱為代謝，更者，若非生滅同時，人於新陳代謝時，必然衰敗相與精壯相交替，此不合理。

佛家說無生，即可依「生滅同時」來建立，既然生滅同時，即不能說之為「生」。

【頌文】雜染所染是為垢　離諸雜染清淨相
　　　　既然相不成立性　何能依相成現量

【頌文】增減二相亦同時　故無定相可恆持
　　　　若言增減有自性　自性如同石女兒

【疏】　今遮撥垢淨二相。

心識受雜染所染，是即為垢，心識能離雜染，是即清淨。然而心性並不由顯現相成立，所以不能依顯現相說其為垢為淨。此如不能因天空有烏雲，即說天空污染；無雲晴空亦不能說為天空清淨。

【疏】　今遮撥增減二相。

這亦可以由增減同時來遮撥。如前舉例新陳代謝的例，當增加細胞時，必然與減滅細胞同時，否則便不能稱為代謝，既然同時，便不能說有一增的定相，或有一減的定相，是故增減必無自性，如同石女兒。

【頌文】 如是說空非斷見　　我許名言世俗有

　　　　此如佛說金剛經　　許是名為無有咎[7]

　　　　依名言故有生滅　　滅且恆於生之後

　　　　世間執此說為真　　真故為實故為有

　　　　十二有支如轉輪　　於五蘊聚說為受

　　　　蘊處界皆如是有　　依於觀照能參透

　　　　由是聖者觀自在　　不於名言說非有

　　　　但用無遮於性相　　離諸有漏成無漏[8]

---

7　《金剛經》強調「三句義」，即「甲，非甲，是名甲」，此三句是肯定同
　　時否定，且同時作有條件肯定。一切法，無論輪迴涅槃，皆依勝義與世俗
　　緣起，體性無有。故第二句「非甲」即以其體性空（本性自性空）來否定
　　「甲」實有，體性雖空但作用力實有，故須予以假名說之，因此「是名
　　甲」。證體性空，復同時證緣起假名「有」，即是中道。

8　漏（āsrava），即煩惱，有煩惱而輪迴生死，謂「有漏」；能斷煩惱，出離
　　生死，即為「無漏」。廣義而言，「漏」亦可定義為污染，本淨之自心受污
　　染，則為「有漏」；於修行道上，令心識更不受污染；或佛現證本初清淨，
　　此二種境界，即為「無漏」。亦即空、不空如來藏智。

【疏】　依本性自性（也可以是諸法體性）來說空，是「畢
　　　　竟空」，並非破壞世俗，因為許名言有為世俗有。
　　　　這便是《金剛經》所說的三句義。

　　　　觀察世俗，正因為執名言有為真實，才會建立一切
　　　　法為有。此如十二因緣，都是由「受」這一支建
　　　　立，若無所受，十二因緣即被超越。「受」是五蘊
　　　　（色、受、想、行、識）中的一蘊，所以必然是世
　　　　俗。世人執「受」此名言為真實，才會依十二因緣
　　　　而生死。蘊、處、界亦是這樣被世人視為真實。

　　　　觀自在菩薩並沒有否定名言有，只是用「無遮」來
　　　　遮撥一切法的性相，即能超越名言有（「離諸有
　　　　漏」）而入勝義（「成無漏」）。

【頌文】　般若波羅蜜多者　　唯許一事為正量

　　　　　一切法皆自性空　　抑且無有自性相

　　　　　無性無相唯有用　　世俗葫蘆依舊樣

　　　　　龍樹說之為中道[9]　　一刀了卻糊塗賬

　　　　　彌勒卻翻舊賬本　　性相用三成法相

　　　　　我於印土二大車　　頂禮足蓮三嘆唱

---

9　一般而言，外中觀謂能離生滅、來去、常斷、一異等二邊之執著與分別，即
　　為中道。了義大中觀則說須離四邊之執著與分別而無所得者，方為中道。

【疏】　　若由正量觀察，般若波羅蜜多所許的正量，只是：一切法皆「空性無相」，是即唯許有用（功用）。其實世俗本來亦是由法的功能來建立它的性相，此如建立水性與火性等。然而這建立卻成為名言建立，所以一提到「火」，由這名言，世俗便想到燃燒，由是便成為「名言有」。這時，人便忘記了這名言本來是依功用而建立，反而給這名言定義一個自性，說為火性。龍樹依緣生說「名言有」的「有」，這「有」，便已具足事物的功能，例如說緣生而成火，人便可以理解，火的燃燒是由緣生而起，由是火的燃燒性便成為緣起的真實。這樣一來，便不會將由事物功能建立的性，與由名言建立的性混淆起來。這便是龍樹的中道。

龍樹的中道，由緣起的重重超越來悟入一切法的真實自性，及至究竟，由超越相礙緣起而成無礙時，便即是從如來藏思想來悟入真如。

如來法身上有識境隨緣自顯現，這識境即是世俗，世俗有如鏡影，鏡影無自性，其自性即是鏡的本性，所以一切法可以說為「本性自性空」。同時顯現相亦空（鏡影相當然亦是鏡性），然而鏡影的功能則不空（例如可以分別甲與乙）。如果用螢光屏做例子，便可以說一切影像的自性與及顯現相都空（以螢光屏性為本性），但螢光屏上的顯現相則有功能，例如，螢光屏的房屋可以住螢光屏中的人。如是理解世俗的性相，便入中道。

【頌文】 上來已說龍樹宗　　今言彌勒瑜伽行[10]

　　　　名言成立遍計相　　凡庸依相說為真

　　　　外境無非識變現　　心王心所若君臣

　　　　如是知為依他起　　非如龍樹說緣生

　　　　緣生尚可為外境　　唯識則能攝以心

　　　　於知心識亦非有　　如如而證是圓成[11]

---

10　此指唯識古學，其系統實包含：一、唯識；二、法相；三、如來藏。修習則
　　依四尋思、四如實智、三十七菩提分、四無量心、六波羅蜜多為手段。唯識
　　為修道能依，法相為修道所依，如來藏為所證之果。

11　見上來註5。

【疏】　龍樹的重重緣起超越，用之於觀修，便容易產生膈膜，所以彌勒瑜伽行便建立「三性三無性」以便觀修行人。

「三性」即是遍計自性、依他自性、圓成自性。今且一說這三個道名言的建立。

以「遍計自性」為例，遍計即是分別，將事物的自性依名言句義落入分別來建立，便成遍計自性。這便相當於《金剛經》所說的「名言有」。

當人計量名言有的「有」時，實在是先依名言有來作分別，然後將分別出來的「有」成立為「有」。此如火的燃燒生熱，我們便將「熱」建立為火性。人生病發熱，便說為「上火」，上火至體溫上升時，便說為「發燒」。當依理論來作觀察時，這沒有甚麼不妥。

然而當作觀修時，佛說要離分別，那麼這「名言有」的分別要不要離呢？行者一定會產生疑問。如果這時，你跟他說，在世俗不須要離這些分別，但在勝義便要盡離分別。行者一定覺得莫名其妙。因為行者很難將「名言有」這個名相跟佛說的「分別」聯繫起來。倘如硬作聯繫，有時亦很難理解。不要說火性、上火等等名言，只須說行者觀修金剛薩埵，由「金剛薩埵」這個名相，成立金剛薩埵這個本尊，這絕對是「名言有」。但行者卻一定覺得，在觀修時持着一個本尊名相沒有甚麼不妥，如果因為名言有而說這建立是落入分別，行者也會覺

得這分別亦無不妥。所以，彌勒便要另設道名言來引導行者觀修。這樣便成立了「遍計自性」這個名相。於觀修金剛薩埵時，行人其實已作遍計分別，我觀修的不是這個佛、不是那個佛；不是這個菩薩、不是那個菩薩，遍計殆盡，便只剩下「金剛薩埵」這個名言，所以金剛薩埵便具有由「遍計」而得的自性。

其次，龍樹四重緣起所說的相依、相對，彌勒將此二者合稱為「依他自性」，是即一法依他法而成為有，或依相對他法而成為有。那便將緣起統攝入心識，這樣成立唯識，亦是為了方便行人觀修，因為行者要對治的便正是心識而非外境。

至於相礙緣起，這名相很難聯繫到真如、實相，但說「圓成」便不同了，真實圓滿成就的事物相，便即是真如相，所以不說為相礙緣起，只說為圓成相，那便跟行人的觀修所緣境聯繫起來。

依筆者理解，彌勒所傳，於龍樹教法外另建立道名言，實在是為了方便觀修瑜伽行，令行者依唯識而知法相，由是入道。

【頌文】　以此圓成為真性　　依他起者為所相

　　　　　名言遍計相為用　　是成正量與非量[12]

　　　　　正量圓成與依他　　非量名言遍計相

　　　　　性相用三作分別　　此中生起是非想

　　　　　是故又說三無性[13]　不許執用誤為相

　　　　　於是在於無性中　　三者即無分別量

---

12 因明用語。正量，指正確的感官與推理知識；非量，又作似量，指非正確的
　　感官與推理知識。

13 見上來註5。

【疏】　三種自性相可說為依性、相、用作分別，依性建立圓成、依相建立依他、依用建立遍計。圓成自性相於勝義中為證量，依他自性相於世俗中為證量，名言遍計相則為非量。既依三自性建立為相，尚須建立其性是否真實，所以佛又說「三無性」來超越「三自性相」，那是為了防止錯誤地將用（功能）執為相，此如前說之將燃燒執為火相。

三無性是對三自性的超越。遍計所成相即是世間的現象，所以說「相無自性性」來超越遍計，即謂此由遍計而成的相實不真實。依他所成相即是說世間現象有生成因，此如由相依而成、由相對而成，所以說「生無自性性」來超越依他，即謂此由依他緣而生的相亦不真實。圓成所成的相即是說世間現象任運成就，這建立其實已經超越世俗，但這任運圓成只牽涉到如來法身功德，未及至如來法身，所以便仍須用「勝義無自性性」來作超越，這便令行人知道如來法身功德亦無自性，以至如來法身亦無自性。法身性只能方便說為「本性」，或說為如來法身體性，經論中則常簡稱為法性。

超越三自性相的三無性已離分別，相無自性性離遍計分別、生無自性性離依他分別、勝義無自性性離圓成分別。

【頌文】 修學所為證實性　　故其基即是圓成

　　　　依他起者道所依　　清淨依他為道境

　　　　不同雜染依他起　　世俗有而無自性

　　　　是故道上依唯識　　由入而住證其淨

　　　　依他起上著名言　　即為虛妄遍計境

　　　　故說名言唯有用　　不執於彼成現證

【疏】　行者修學瑜伽行，究竟現證如來法身，由是即能現
　　　　證法身與法身功德雙運的如來藏境界。所以依三自
　　　　性相觀修時，即以圓成自性相為基，其圓成可以說
　　　　為依他，依一法的相礙而作適應，便是依他。因此
　　　　觀修所緣境，便是依他而起的相。瑜伽行行者所觀
　　　　即是「清淨依他」，也可以說是無漏界相、涅槃界
　　　　相。若於依他自性相上，執着名言句義，這依他自
　　　　性相便成遍計自性相。由是可說，名言唯於世間有
　　　　用，須對名言不起執着，才能由緣清淨依他而現證
　　　　圓成自性相。

　　　　彌勒瑜伽行的本質，即便如是。

【頌文】　如來藏為修道果　　諍論頻興如熱火

　　　　　或然誤解宗喀巴　　錯判真常流毒禍

　　　　　學人依此而分別　　華嚴天台都是錯

　　　　　禪律淨土此三宗　　亦被認為執法我

　　　　　漢土大乘由是壞　　其人地位卻巍峨

　　　　　由是而知末法時　　法難若來無可躲


【疏】　　由修瑜伽得證如來藏，所以如來藏是果，龍樹教法
　　　　　及彌勒教法皆如是建立。今人依自己的斷章取義來
　　　　　理解如來藏，然後否定自己的理解，便說如來藏不
　　　　　是佛法，於是將之貶為外道，認為佛說如來藏，是
　　　　　為了遷就外道而說，目的是將外道引入佛道，這種
　　　　　說法是對如來藏的誹謗。他們從不考慮，說如來藏
　　　　　的經典，數量之多有如般若系列經典，若僅為開引
　　　　　外道，須要說這麼多大量的經典嗎？

　　　　　誹謗如來藏的人，依宗喀巴的說法作三系判教，實
　　　　　在是對宗喀巴的誤解。宗喀巴以中道為中心，判有
　　　　　「太過」與「不及」二系，並未判及如來藏思想。
　　　　　誤解宗喀巴的人，卻隱然以唯識為不及，以如來藏
　　　　　亦為不及，因為是「自以為空過來的人」，「轉過
　　　　　頭來」建立的不空，這樣成立的三系判教，只是字
　　　　　面齊整，名言建立得有吸引力，實在並非宗喀巴的
　　　　　思想。

對誹撥如來藏，其實佛亦早有此危機感，是故不但在經中明說，如來藏我不同外道我，同時再三指出，有三種人會誹謗如來藏，可是誹謗如來藏的人對這些經論卻依然視而不見。

由於漢藏傳統佛法皆依如來藏，所以漢土的華嚴、天台、禪、淨、律、密諸宗，以及藏地的甯瑪、薩迦、噶舉、覺囊諸派，都依如來藏來建立自己的教法，誹謗如來藏的人便亦因此而對此諸宗派作否定，甚至說天台宗騙盡世間耳目，近二千年的佛學傳承由是毀壞，成為一片空白。這便是佛在《法滅盡經》所說的法滅盡了。

更奇怪的是，漢土諸宗對誹謗如來藏的人反而極度崇拜，似乎不知道對方的否定有害本宗教法。藏地的情形比較好一些，還有許多大德不管別人的否定，仍然依傳承來說法教修，但對如來藏卻未刻意維護。這種情形，令人躭心，尤其是對漢土佛法躭心。

【頌文】　彌勒建立如來藏　　實然依止楞伽經

　　　　　楞伽三分而說此　　即說三性三無性

　　　　　如來藏非有實體　　非由熏習而得證

　　　　　住真唯識而修學　　彼即遠離雜染境

　　　　　此際行人本覺露　　故如來藏亦假名

　　　　　復依假名而作說　　說為法爾本清淨

【疏】　《入楞伽經》依三分說如來藏。即「說如來藏」、
　　　　「修離垢證如來藏」、「證如來藏心識」三科。[14]此
　　　　三科所說，依次為凡夫、菩薩、佛的心識。三自性
　　　　相及三無自性性實亦依此三者而建立。

　　　　初，說如來藏。凡夫未證如來藏，所以便只執着於
　　　　在智境上隨緣自顯現的識境，是即遍計自性相，由
　　　　相無自性性，便否定了遍計相的真實，由是知圓成
　　　　自性相，得見如來藏的識境實相。

　　　　次，修離垢證如來藏。諸地菩薩修緣起（次第修四
　　　　重緣起）而見依他自性相，這是世間的真實，於超
　　　　越世間時，即由生無自性相而證無生。

　　　　最後，證如來藏心識。這是佛之所證，即由勝義無
　　　　自性性來超越圓成。所以彌勒瑜伽行亦說圓成自性
　　　　性並非了義，勝義無自性性是真唯識。

---

14　詳見本書上篇〈大圓滿直指教授〉譯者後記。

【頌文】　是知此中無有諍　圓成性相如來藏

　　　　　究竟證智離四邊　智海不興常斷浪

　　　　　此即如來自然智[15]　說執真常真冤枉

　　　　　片知彌勒教法者　不知此境彌勒講

　　　　　但執大乘起信論　有如趕狗入窮巷

　　　　　不知此論說他空　不依唯識立法相

　　　　　彌勒法系實三分　法相唯識如來藏

　　　　　三者即為基道果　請將五論[16]平心看

　　　　　任壞其一皆不可　偏持其一法亦喪

　　　　　彼輕今學縱然非　汝壞其果更孟浪


【疏】　　不知如來藏是說佛的內自證智境，亦不知如來藏是
　　　　說識境在智境上隨緣自顯現，那便生起諸般諍論。
　　　　若知此智識雙運的境界即如來藏，便無常、斷等相
　　　　對法的諍論。同時知道甚麼是「畢竟空」（本性自
　　　　性空）、甚麼是究竟緣起（相礙緣起）。如是即無
　　　　諍論可生。這樣便不會將如來內自證的自然智判為
　　　　執着「真常」，因為自然智可以說為真常（如來藏
　　　　四德：常、樂、我、淨），這是實相，並非執着。

---

15　自然智，梵語svayambhū-jñāna，亦譯為自生智，指諸佛法爾、本來具足之無
　　分別智不空如來藏（智）。

16　藏傳的「彌勒五論」為《大乘莊嚴經論》（Mahāyānasūtrālaṃkara）；《辨
　　中邊論》（Madhyāntavibhāga）；《現觀莊嚴論》（Abhisamayālaṃkāra）；
　　《辨法法性論》（Dharmadharmatāvibhaṅga）及《寶性論》
　　（Ratnagotravibhāga）。不同於依唯識今學而建立之漢傳「彌勒五論」。

唯識學人批判《大乘起信論》說「一心二門」的如來藏（並非批判通盤如來藏教法），是不知《大乘起信論》依「他空」而說如來藏，是為方便（所以只是「起信」，而不是究竟說），這可以說是錯判，及至唯識末流，便執着他們先輩的錯判來通盤否定如來藏。僅執一論來否定全部教法，這便是末法時代的現象。

上來是目前漢土學人誹謗如來藏的兩系。奇怪的是，這兩系居然可以合流，於是一時之間批判如來藏便成為時尚。

若知彌勒教法，實以法相、唯識、如來藏為基、道、果，那麼對如來藏教法應生起尊重。《彌勒五論》即分別依五道而說基、道、果，《大乘莊嚴經論》引學人入資糧道；《辯中邊論》引學人入加行道；《現觀莊嚴論》引學人入見道；《辨法法性論》引學人入修道；《寶性論》引學人入無學道。五論次第分明，不何任壞其一，今唯識末流壞《寶性論》，實屬違反彌勒教法。傳承教法中，有些宗派持如來藏中觀見來否定唯識今學（不是否定瑜伽行古學的法相與唯識），此固然是偏見，但唯識今學的末流，卻跟這些否定唯識的中觀見者合流，聯手否定如來藏，那便更成謗佛的錯失。

【頌文】 龍樹彌勒無有異　　不離緣起空中道

　　　　由法相而證緣起　　由唯識入空門路

　　　　中道[17]即是如來藏　智境現為識境故

　　　　是知二家勝義諦　　雖然異徑實同途

---

17　見上來註9，此即離四邊之無生境界。

【疏】　龍樹教法與彌勒教法，皆不離緣起、空、中道而
　　　　說。前已說龍樹教法是由緣起建立世間有，由超越
　　　　緣起建立空，由二者雙運來建立中道。彌勒教法實
　　　　亦與此相同，由三自性相來成立有，由識境的三無
　　　　自性性來成立空，二者雙運便即是如來藏中道。何
　　　　以說為中道？因為是智境現為識境，智境識境雙
　　　　運，即是究竟中道。龍樹彌勒二家分別，只在於龍
　　　　樹着重說見地，且唯依緣生而說；彌勒則着重說觀
　　　　修，故兼唯識而說（說觀修不能不說唯識，因為觀
　　　　修過程即是行者心識狀態改變的過程）。

　　　　判定龍樹彌勒瑜伽同途，是入如來藏法門的基本知
　　　　見。

【頌文】　心經所言性與相　　可依二軌作詮說

　　　　　諸法空性無性相　　此境即如水中月

　　　　　龍樹說月無性相　　自性不能如相設

　　　　　彌勒說為識變似　　無相即由如是說

　　　　　由無相而證性空　　畫月水月空中月

　　　　　如是即為三性相　　是入三門而解脫[18]

　　　　　上來所說為外義　　然而此義亦難知

　　　　　尤其競以立宗故　　異說紛呈眼目迷

　　　　　眼目迷時興破立　　滿途足印未成蹊

　　　　　我願稍為作清理　　莫拋瞋語似拋泥

　　　　　若我有屈二大車　　我願長居地獄底

　　　　　三界人天請作證　　我發無上金剛誓

---

18　三解脫門（rnam thar sgo gsum）：一、空解脫門（śūnyatā），了知一切法無自性，緣起而生滅，悟入「本性自性空」，於諸法得自在；二、無相解脫門（animitta），知一切法畢竟空，悟入諸法皆無有相，由離差別相得自在；三、無願解脫門（apraṇihita），知一切法空、無相，無離過失、得功德之願求而得自在。《大般若波羅蜜多經》說此三解脫門「能攝一切殊勝善法，離此三門，所應修學殊勝善法不得生長」。又說此三門為菩薩行深般若波羅蜜多時，以無所得作方便，作此三門修觀而其心得安住。（《大般若波羅蜜多經》卷四七一及四八九）。

【疏】　《心經》說性與相，可依龍樹及彌勒教法來認知。經中說「空性無相」，是可由水月相來理解，若依龍樹，水月相只是由緣生而成「有」，若超越緣生而認知，此「有」便成「非有」，即如人見「空中月」時便知水中月相為非有。若依彌勒，即說水中月相為「識變似相」（由心識變現而成的「似相」），是即無相，故為非有。── 順便說一句，由這個例子，便明白為甚麼說龍樹着重見地、彌勒着重觀修。

這樣，依彌勒教法，便可以將「畫月」說為遍計自性相；將「水中月」說為依他自性相；將「空中月」說為圓成自性相。依次由三無性來超越，即得證如來藏智識雙運境的實相。

由於宗義紛立，令人目迷五色，執宗義者持着世間名言概念來認識佛法，於是困於名言句義中，復根據自己的偏見來作破立，於是中觀破唯識，唯識破中觀，及至末流，中觀唯識更聯手破如來藏，令學人耳目紛迷，這是對佛法很大的傷害。正確的做法是，持如來藏究竟見來區別諸宗次第，在觀修時，由下向上而修，於是次第而上，入究竟見。為此筆者將龍樹中觀及彌勒瑜伽行稍作清理，略說如上。

【頌文】 心經即依性與相 　說為無有成正論

　　　　無蘊處界與四諦 　無十二支及其盡

　　　　無智無得無無得 　本清淨心生滋潤

　　　　無礙無畏離顛倒 　如來藏境須生信

　　　　及其究竟證涅槃 　此即無間道[19]法徑

　　　　自然證入平等覺 　此即圓證平等性


　　　　復以密咒而作結 　諸佛悲心實無量

　　　　自利他利與俱利 　菩薩事業唯三相

　　　　由是世尊作許可 　如來隨喜稱無上

　　　　人天四眾盡信持 　更無有二唯一向

　　　　願讀經者生正解 　得入菩提大道上

　　　　雖然信解未能修 　亦積福智二資糧

---

19 菩薩修學有五道：資糧道、加行道、見道、修道、無學道。《瑜伽師地論》說修習可分十七地，言此十七地之證量可攝入五道系統。菩薩依次第修證四正加行，於資糧道與加行道上完成抉擇位，於見道位登初地，觸證真如，入修道隨憶念位，為二地至十地之修習，最後至通達究竟之無學道，其中「無間道」（ānantarya-mārga）為菩薩十地後至成佛前之修學，以其所入為「無間三摩地」故。此「無間道」之不共義，詳見阿底峽尊者《般若心經註》（*Prajñāhṛdayaṭīkā*）（漢譯題為《心經無垢友釋疏》），不同於《成唯識論》所說加行道最後位之「無間三摩地」義。

【疏】　《心經》依「性空無相」，次第說無蘊處界等，究竟說至「無礙無畏離顛倒」，是即說至如來藏究竟相，行者依次觀修，至究竟時，本初清淨心即時顯露，所以全經所說，實為五道次第，究竟入佛地無間道，由平等性自解脫，證法、報、化三身無分別而圓成佛道。

　　《心經》最後用密咒作結，是由總持而入般若，究竟現證深般若蜜多（如來藏境界）。此詳見拙《心經內義與究竟義》。[20]

---

20　台北：全佛文化，2005。

## 二、內義 —— 道續

【頌文】　內義所說為修證　　故其所重非為理

　　　　　龍樹之說法界讚[21]　喻修證如月生起

　　　　　初際冥矇漸見光　　漸圓至圓四次第

　　　　　此即彌勒四瑜伽[22]　其說依於解深密

　　　　　毘鉢舍那奢摩他　　由是而至事邊際

　　　　　所作成辦即圓成　　經歷五道[23]同一例

---

21　此處用龍樹《法界讚》（*Dharmadhātustava*），引文依拙譯（收《四重緣起深般若》，台北：全佛出版社，2004年）——

　　　　恰如天際蒼黃月　赤裸見於十四夜
　　　　於彼發心趣道者　法身亦得赤裸見
　　　　恰如新月於天際　見其增長復增長
　　　　於彼已登地位者　得見法身漸增長
　　　　恰如十五朦朧夜　月已圓滿無有缺
　　　　於彼已登極地者　法身圓滿光澄澈

22　依《解深密經・分別瑜伽品》之實修次第而建立，經中說四種所緣境事：一、毘鉢舍那（vīpaśyanā），即內觀，謂有分別影像所緣境事；二、奢摩他（samatha），即寂止，謂無分別影像所緣境事；三、事邊際所緣境事；四、所作成辦所緣境事。此分別配合五道中之資糧道、加行道、見道及無學道。資糧道修習有分別影像所緣境事之勝觀，此勝觀須修習寂止為基礎，由生資糧道智而入加行道，生起順抉擇分，入無分別影像所緣境事之寂止。至見道時初入深觀，至證初地時，所緣者為事邊際，即事之實相。其後修道上之所修，則為反覆修觀前三道之所證，以離真如相及次第證智相。其實際修習，依甯瑪派之傳規，其次第為（止）→觀→止→止→觀→止觀雙運，由（止）→觀為資糧道上事；由止→止則為加行道上事，前止為煖、頂二位，後止為忍及世第一位；後（深）觀為見道上事；至見道圓成，則止觀雙運入修道，及至究轉依，即為所作成辦，入無學道。

23　見上來註19及22。

【疏】　　《心經》內義所說為修證道的次第，這在拙《心經
內義與究竟義》一書中已細說，所說詳見於書中譯
出的無垢友尊者的《聖般若波羅蜜多心經廣釋》[24]，
及阿底峽尊者的《心經無垢友廣釋疏》。[25]

龍樹《法界讚》，依筆者理解彼實說四次第：見新
月、見月增長、見月復增長、見月圓。這便有如
《解深密經》所說，彌勒所依的四瑜伽行（四種所
緣境事），是即毗鉢舍那、奢摩他、事邊際、所作
成辦四者。由此四瑜伽行貫串五道。

---

24　梵名：*Āryaprajñāpāramitāhṛdayatīka*。

25　藏名：*Shes rab snying po'i rnam par bshad pa*。

【頌文】　毘鉢舍那為內觀　　故於所緣有分別

　　　　　依於境相而觀察　　如人飲水知涼熱

【頌文】　奢摩他者為寂止　　緣於一境無分別

　　　　　心一境性起心光　　現證光明非虛設

【疏】　毘鉢舍那（vīpaśyanā）即是內觀，觀察所緣境而成抉擇與決定，因為是觀察，所以必然落於分別，而且必落名言概念。於整個修觀過程中，觀察不只一次，其次第觀察，即是次第抉擇與決定。通常的情形是：得到決定見，再作觀修，此時即依決定見來作抉擇，於是便得高一層次的決定。這反覆抉擇與決定的過程，能令行者次第離言，至究竟時，即能本覺顯露。若在資糧道時，行者因為缺乏次第相應的觀修，未能證本覺，但亦能依次第而知究竟見。

【疏】　奢摩他（śamatha）即是寂止，緣於一境，但不作分別。依次第有九種住心過程：1）從外境中內斂其心，使住內境，是為內住；2）內住之心，不他散逸，是為續住；3）若時散逸，立即了知，引還原境，是為安住；4）數斂此心，使漸微細，是為近住；5）三摩地德，積而生喜，是為調伏；6）觀散逸為過患，息滅不喜三摩地心，是為寂靜；7）熄滅一切貪及不悅等心，是為最極寂靜；8）勵力求得無功用住，是為專住一境；9）此心任運，住平等捨，是為等持。

此九種住心實與重重內觀配合。

【頌文】　寂止內觀作雙運　　由茲而證事邊際

　　　　　此即現證無性相　　說為實即簡別偽

【頌文】　無間道上諸行人　　所作成辦為所緣

　　　　　此中實亦無所緣　　如月離遮即是圓

【疏】　當行者能作寂止與內觀雙運時，即能證入「事邊際」，亦即由邊際悟入無性相而成現證。若持中觀見修瑜伽行，便可由四重緣起的超越而見事邊際，由是離四邊而成中道，得見一切法實相。說為實相，便不是變似相、緣生相。

【疏】　無學道上的無間道行人，無所緣而緣，所以無所緣境事可說。雖然無所緣，但因為已離戲論與離分別，於是本覺顯露、如來藏顯露，是即如十五夜的月，離一切遮而圓滿。這便是所作成辦。

【頌文】　內觀資糧道所修　　修證經教真實義

　　　　　故其所觀重尋思　　知無分別知無二

　　　　　若於加行道上者　　修證淺深二寂止

　　　　　煖頂忍至世第一　　兩重寂止如位置

　　　　　止觀雙運為見道　　真如觸證登初地

　　　　　證前所為是觀修　　亦可名為事邊際

　　　　　所緣境事此為三　　修道反覆修三者

　　　　　是時名為憶念位[26]　由憶念而作行持

　　　　　離粗重相二種愚[27]　地地離障而歷次

　　　　　所作成辦無教法　　無間道唯依直指

---

26　此為修道位，即憶念前所觸證。

27　《瑜伽師地論》卷七十八，謂菩薩十地及佛地，各有兩種愚，合共二十二種愚。各地之二愚，可引發粗重，故共十一種粗重。詳見無垢友尊者之《般若波羅蜜多聖心經廣釋》註58。

【疏】　　若依五道次第，可略說如下：資糧道修內觀，是由觀修來證悟經教所說的真實義，由是作尋思與觀察，得悟入無分別而知無二。

於加行道是修兩重寂止，第一重寂止攝煖位及頂位，第二重寂止攝忍位及世第一位。

見道觀修是為止觀雙運，亦可說為事邊際，由觸證真如而登初地。

修道觀修，即反覆觀修內觀、寂止、雙運三者，由憶念前所觀修的覺受而作行持。此時每地都生起二種愚與一種粗重。「愚」是由執着證智相而來，由是生起心理障礙，即名「粗重」。若能離愚離粗重，便能地地超越，歷次而至十地。這種觀修依然在事邊際的層次。

及至佛地，無間道上行人無教法可說，唯依直指教授作修持與行持，所作成辦時即得佛果。

下來，依甯瑪派教授說五道次第修法。

【頌文】　是故甯瑪派建立　外內與密及密密

　　　　　如是即為四加行　系統實依於彌勒

　　　　　外者先止而內觀　內者寂止分主客

　　　　　客者未離外相修　主則離外無觀察

　　　　　所言止觀雙運境　見如來藏說為密

　　　　　所言止觀無二境　都無分別知真實

【疏】　甯瑪派全部觀修教授都名為加行法，正行無觀修教法，唯有直指教授。加行法共分四部：外加行、內加行、密加行、密密加行。此四加行屬於彌勒教法系統。

外加行以內觀為主，是資糧道的修習。內觀前的寂止不在加行法之內，由內觀得悟入一切諸法空性無相，這由觀察行者心生的壇城本尊相而得悟入，所以等於彌勒所說的「有分別影像所緣境事」。

內加行以寂止為主，是加行道的修習。分主客二種。說為「客」，因為行人的所緣境未離客塵相，只隨順抉擇而作寂止，此如隨順諸法空性無相而寂止，此攝加行道煖、頂二位；說為「主」，則已離外境，由四尋思引發四如實智，行者住如實智中而成寂止。此攝加行道忍、世第一二位。

密加行則為見道，依甯瑪派的道名言，說為生圓雙運，亦即止觀雙運。於雙運時離空有二種邊見，由是得觸證真如。具體修法，以修中脈、氣風、明點為前行，然後依四輪修智，此所謂智，即是行人的覺受，此仍屬前行。前行諸法成熟後，正修普賢不可思議智，於圓熟時即能觸證真如，於覺受中見如來藏境界。

密密加行為修道位，得究竟生圓無二，次第住入如來藏。

【頌文】若依內義說心經　　實說修證之次第

　　　　初說空性無性相　　資糧道上所尋思

　　　　此中淺止而深觀　　由深觀而知實義

　　　　甯瑪派立六前行[28]　實為修觀非修止

　　　　由分別知無分別　　即由抉擇而無疑

　　　　於此信解得決定　　便是資糧積集時


　　　　既知空性與無相　　進求證四加行智[29]

　　　　依於彌勒之所言　　煖頂二位四尋思[30]

　　　　忍位而至世第一　　此二證四如實智[31]

　　　　如是四位分為二　　二者悉皆修寂止

---

28　「六前行」法以轉出離心為基礎,修習皈依、發心、除障、獻曼達、施身及上師相應。

29　此乃於「四正加行」道證悟之智。彌勒在《辨法法性論》中說「轉依」之「四正加行」:有得加行、無得加行、有得無得加行、無得有得加行,此四正加行分別為加行道上煖、頂、忍、世第一四位之加行修習,亦為離四相之道,離四相即離所對治、離能對治、離真如相、離證智相,四位中每一位之修習,皆須離此四相。

30　「四尋思」與「四如實智」為加行道之修習,於加行道煖、頂二位時,以四尋思觀察境不離心,一切所緣境唯依內識變現,皆非實有。以此為因,引發「四如實智」,深入同時觀照能取識及所取境皆非實有,此即加行道之忍位及世第一位之修習。詳見《瑜伽師地論》及《攝大乘論・入所知相品》。

31　見上來註30。

【疏】　心經所說即為觀修次第。說「空性無相」為資糧道上的尋思（觀察），在實修上，即甯瑪派的六前行法，以此六前行法為基礎，行者易生出離心（離名言與句義而覺受）。六前行法圓熟，行人便能由四重緣起的抉擇，決定「無分別」。行者於行持時但作了別，不作分別，所以才能起本尊慢。於本尊慢中，對空性無相得真實義，知「本性自性空」為究竟空。

加行道行人由四尋思的寂止圓成煖、頂二位。所謂四尋思，即由唯識觀察名、事、自性、差別等四者為假有實無。由四尋思引發四如實智，此如由名尋思所引，即得「名尋思所引如實智」等。行者如實了知諸法的名言句義，無非只是隨順世間的施設，若不立名言，即無名言執；若無名言執，則無有言說，於是行者即能於無言說的境界中寂止，是即可以出離世間。以「名尋思所引如實智」為例，餘三智即可了知。

概言之，「名尋思所引如實智」令行者得住無言說境界；「事尋思所引如實智」令行者得住無寂滅可得的境界；「自性假立尋思所引如實智」令行者得住如水月、幻影境界；「差別假立尋思所引如實智」令行者得住智識雙運境界。加行位修習的寂止，即於上述境界中次第寂止。

【頌文】　若依甯瑪派名言　　加行道修生起法
　　　　　先修共生起次第　　本尊壇城得建立
　　　　　復修共圓滿次第　　壇城光明心放攝
　　　　　於修不共生起時　　忍位觸證無生法
　　　　　於是生圓雙運修　　都離能所世第一
　　　　　由無性相證空性　　現空雙運如其實

【頌文】　然則如何為見道　　所見即是真如境
　　　　　若依其用而立名　　是即如來藏觸證
　　　　　前者加行道上時　　未離相縛證空性
　　　　　若於唯識真實住[32]　真如離相真實證
　　　　　是名觸證於真如　　是即住於深觀境
　　　　　此際心性自然住　　住於用上而清淨

---

32　此即所謂「住真唯識」。行者於加行道煖、頂、忍、世第一位，皆為帶相證空。於見道位，始除空有二相之縛，觸證真如。

【疏】　若依無上瑜伽密教法，加行道四位次第如下 ——

依共生起次第，建立本尊壇城，是為煖位；依共圓
滿次第，放攝壇城光明，是為頂位；依不共生起次
第，由觀修本尊壇城及修事業法，是為忍位；依生
圓雙運次第，由觀修光明得證離能取、所取，是為
世第一位。此時證空，實由現空雙運而證。

【疏】　見道所證名為「觸證真如」。真如即是如一切法而
見其實相。此如依相礙緣起抉擇，知一切法都須各
各適應局限，由適應局限而得圓成，那便可以決定
一切法無相（無自性相），所顯現相唯是其任運圓
成相，如是即知諸法實相。

諸法實相都依力用而圓成，這力用即是如來法身功
德，當行者能見如來法身功德時（世第一位則未
見），即是觸證如來藏（如來法身與如來法身功德
雙運的境界），此時已離空有二邊，唯有離邊而見
才能見到實相。瑜伽行派將這境界名為「住真唯
識」。這時若說「唯識無境」，便已經是住真唯識
而說無境。行者此際，心識已在如來法身功德中
住，如住「現空」、「明空」，其心識狀態則稱為
「覺空」（所以是真唯識）。

【頌文】　若依甯瑪派名言　　於見道修圓滿法

　　　　　前修雙運作為基　　以修明點與氣脈

　　　　　上降智與下固智[33]　生普賢智通中脈

　　　　　如斯修習實有相　　父母壇城緣相立[34]

　　　　　反覆不共修生圓　　佛子壇城霎時得

　　　　　於此甚深雙運道　　歡喜成就初菩薩

　　　　　住於心性本覺中　　無內無外無主客

　　　　　現觀法界諸莊嚴　　更無五毒堪觀察

---

33　據龍青巴《大圓滿心性休息三住三善導引菩提妙道》，「上降智」及「下固
　　智」屬「深道生圓次第」之修習。

34　依甯瑪派教義，一切法為清淨平等性的本始基上之自顯現，其體性說為「現
　　空無二」，現分為方便，空分為智慧。表徵在壇城上，壇城一切顯現皆為本
　　始基上明相自顯現。此中，普賢佛父表徵「現」、大平等，普賢佛母表徵
　　「空」、大清淨。由是一切明相自顯現之自性即法界空性普賢佛母壇城、方
　　便大樂普賢佛父壇城、及由此二者雙運，顯無分別體性之佛子大樂菩提心壇
　　城。

【疏】　依甯瑪派名言，見道所修為甚深不共圓滿法，於事
　　　　相來說，可說為修氣、脈、明點，但其所修已與一
　　　　般的圓滿法不同，因為這時的修法，已依生圓雙運
　　　　作為基礎，所以次第較高。氣、脈、明點修習圓
　　　　成，即修上降智與下固智，復由氣入中脈而得普賢
　　　　智。

　　　　這樣的修習，依然帶相，其相不能強制除去，於是
　　　　順其自然，依所帶之相建立佛父壇城與佛母壇城，
　　　　然後離相建立佛子壇城，由佛子壇城證甚深雙運，
　　　　即入初歡喜地。初地菩薩現觀一切法，都為法界莊
　　　　嚴，無有善惡，是故更無五毒煩惱。

【頌文】　修道二地至十地　　經歷九地非容易

　　　　　反覆前修離障重　　地地如斯無別異

　　　　　說為返流還滅者[35]　我則說之為反體[36]

　　　　　一切煩惱之力用　　適堪反成我證智

---

35　顯乘所說之「反流還滅」，即返無明生死之流，而還歸於寂滅，此如密義說
　　「反體」，其理非為義理相反，實為修行次第上之層層超越。密乘建立不共
　　之十一地至十六地，正是為行者於十地上次第圓證三身功德時，須於十一地
　　至十六地將之返流，始能在前有圓證基礎上，再圓證三身無分別。

36　「反體」，指破後生起之顯現，見上來註35。

【疏】　修道上二地菩薩至十地菩薩，無特定的觀修，只是
　　　　反覆前所修習。於修習時，次第離證智相，是即次
　　　　第超越，是故可說為反體。所謂反體，即是離開一
　　　　個境界來觀察事物之所得。如凡夫說「有」，是依
　　　　名言句義而有，若離開名言句義的心境，便可依緣
　　　　起來建立事物為有，此時，便是依凡夫的反體來說
　　　　有。但須注意，這時並沒有否定凡夫所說的有，只
　　　　是超越其所說來理解事物之有，此如人上螺旋梯，
　　　　上至第二重時，不能否定第一重，因為只是超越第
　　　　一重。

　　　　依世間而說煩惱，則煩惱須離，但若依智識雙運的
　　　　境界而說煩惱，則無煩惱須特別對待（不須特別去
　　　　離，也不應心識唯住煩惱），說為煩惱的一切法，
　　　　都有力用，依煩惱的反體，這力用便可成為行者的
　　　　證智。此如依貪的力用，便可成妙觀察智。

【頌文】　心性自解脫之時　　行者現前登六地

　　　　　此賴頓超立斷力[37]　四大光明[38]四解脫[39]

　　　　　然而七地為遠行　　說為遠行知難處

　　　　　依於後得成方便　　法性如如久久住

　　　　　及至法性自解脫　　無相不動登八地

　　　　　自然住入平等性　　反覆修至無間位

---

37　「立斷」（且卻 khregs chod）與「頓超」（妥噶 thod rgal）為大圓滿口訣部二種觀修。「立斷」的修法求悟本淨心性；「頓超」的修法求見光明心相。（見《大圓勝慧》）。蓮花業緣力尊者於《大圓滿無上智總義》中云：「且卻之道，在於修赤裸覺性，不須依賴觀光明之生起，能無整治而解脫，實為上根利器、但怠於修法者之殊勝道。妥噶則是藉有為而得解脫之道，依於觀修光明之生起，精進之行人於即身中清淨其粗色身而得解脫。」

38　事業洲（Karma gling pa, 1376-1394）所傳甯瑪派法典《寂靜忿怒密意自解脫》（Zhi khro dgongs pa rang grol）中，其中圓滿次第的教授即《六中有圓滿次第導引》，「四大光明」為六中有次第中「夢幻中有」的禪法。「四大光明」是：解悟光明、大種光明、上師光明、明點光明。修習「四大光明」的目的，在於由生起四大光明，引發自身內自在的俱生清淨光明，然後在此基礎上現證法界清淨光明。

39　四解脫為六中有次第中「禪定中有」之修習，行者能內自證本來清淨光明後，須得「四大解脫」的直指教授，來幫助圓成佛道。「四大解脫」是：本初解脫、自解脫、剎那解脫、圓滿解脫。「四大解脫」的直指是於觀修「三虛空禪定」後，一切念悉皆任其顯現及消融，因念念自解脫，行者於行持時，得在無所執之境界中，等持「釋念」這境界。

【疏】　六地菩薩證般若波羅蜜多，此時可以說是「心性自解脫」，這是心性更不受縛的境界，離能所、離分別、離一切邊見。依甯瑪派修習，此可藉觀修「四大光明」及「四大解脫」而圓成。

於心性自解脫時，自然得見法性，七地菩薩觀修，即求如如住入法性而不更退轉。然而久久住入法性，亦受法性所縛，那便是只能落入法性的境界，所以尚須藉觀修而得法性自解脫，當觀修圓成時，即登八地，更不退轉。

法性自解脫時，自然住入平等性。即於平等性中反覆前所修習，於是由離證智相次第登入九地、十地，而至佛地無間道位。

【頌文】　所謂無間道地位　　由十一至十六地[40]

　　　　　或將二者合為一　　是則說為十三地

　　　　　法報化圓最後心　　修定名為金剛喻

　　　　　此時境界不思議　　說為生圓證無二


　　　　　及至佛地無學道　　此已無須更細說

　　　　　圓證三藐三菩提[41]　此時現起平等覺

　　　　　即平等性自解脫[42]　三無分別自解脫

　　　　　如來藏即本始基[43]　喻為十五團圓月[44]

---

40 菩薩於十地上斷障、證二功德。十地之名、功德與證相，顯密所說相同，即一地歡喜地、二地離垢地、三地發光地、四地燄慧地、五地難勝地、六地現行地、七地遠行地、八地不動地、九地善慧地、十地法雲地，菩薩依次第而證得究竟。唯密乘於十地上，另立十一地至十六地：十一地普光地、十二地淨蓮地、十三地字鬘大集地、十四地大樂地、十五地金剛持地、十六地無上智地。

41 三藐三菩提，梵語samyaksaṃbodhi，舊譯作正遍知，新譯為正等覺、正等正覺。

42 龍青巴尊者《三自解脫》（*Rang grol skor gsum*）中之最後一部，詳述平等性自解脫。

43 甯瑪派立假名「本始基」（gdod ma'i gzhi）以說輪迴涅槃空性之體，本始基為佛內自證智境，即如來法身，亦即本來空淨之體性，輪迴涅槃為本始基上的明相自顯現，故為一切法所依。本始者，即法爾意。因本始基法爾含容輪涅一切法（明相）自顯現，故輪涅一體，自空性而言，清淨（涅槃界）與不清淨（輪迴界）法皆為法性展現，故平等無分別。

44 見上來註21。

【疏】　密乘建立十一至十六地，是即無間道地位。如前導
　　　論已說：

> 十一至十六地菩薩是菩薩地道的不共建立。密
> 乘建立此六地，可全攝於無間道佛因位，此時
> 雖然已入無學道，但由於圓證正覺，須圓證
> 法、報、化三身無分別，所以便有此六地的建
> 立。
>
> 若住於佛因位而執於用，則須修證十一、十二
> 地，由證智離用執；若執於相，則須修證十
> 三、十四地，由證智離相執；若執於性，則須
> 修證十五、十六地，由證智離性執。這些亦可
> 以說是果位的觀行。

由金剛喻定現證法、報、化三身無分別，於是佛地
圓成，現證正等正覺起平等覺，是即平等性自解
脫。此證智境界即如十五團圓月，根本智與後得智
雙運，是即如來藏境界。

【頌文】或問上來所說者　於彼心經何關係
　　　　心經內義之關合　今且細說依前例

　　　　此經如何而生起　佛菩薩入三摩地[45]
　　　　何以須在等持中　此則實具深義理
　　　　世尊所入深觀照　於法異門上生起
　　　　然則何謂法異門　不可但解為同義
　　　　由性而觀立一名　由相而觀名則異
　　　　此如說為法性者　依其相則說真如
　　　　若依其用而立名　則可說之為大悲
　　　　如是種種法異門　都無分別而等持
　　　　是即甚深光明觀　根本後得都無二

---

45　三摩地，梵語 samādhi。意譯為等持，正定，定意，調直定，正心行處。

【疏】　上來所說實即《心經》之所說。

《心經》由佛與菩薩入三摩地而發端。為甚麼要由三摩地（等持）發起呢？此中實有深義。佛所入的三摩地，依梵本名為「甚深觀照之法異門三摩地」，這裏所說的法異門，不能簡單理解為同義詞，因為釋迦說法是用不同角度的言說來表達密意，由是便建立了種種法異門，現在佛所入的等持，實在是攝種種法異門的觀照。於觀照中，諸法異門都無分別，因為同樣是表達佛密意的言說。於三摩地中，所觀唯是佛的內自證智境，所以無根本智與後得智的分別，這樣的無二無分別，便可以說為如來藏境界，亦即二種菩提心雙運的境界（佛內自證的根本智，即是勝義菩提心；佛內自證的後得智，即是世俗菩提心）。

【頌文】　其時觀自在菩薩　　行持而入深般若

　　　　　何以說之為行持　　非由修持而獲致

　　　　　行者至一境界時　　行住坐臥都如是

　　　　　何以說為深般若　　以其已具一切義

　　　　　小乘大乘與密乘　　一切教法貫其理

　　　　　與法異門何分別　　此持根本為般若

　　　　　以其尚持根本故　　是於異門未等捨

　　　　　然而實在深觀中　　輪涅法相等生起

　　　　　由此起經之緣由　　即知此經之內義

【疏】　觀自在菩薩由行持而入深般若（依梵本，說為「行深般若波羅蜜多行時」），這裏是強調由行持而入深般若，因為菩薩的行持無有間斷，無論行住坐臥，都住入深般若的境界。這境界可以說是「一切義成」，此即於境界中已總攝佛所說種種法異門的義理，並知其密意。

然則，佛的三摩地跟觀自在菩薩的行持有甚麼分別呢？分別在於，佛於三摩地中平等持一切法異門，觀自在菩薩的行持，則建立般若波羅蜜多為根本，只是未等捨種種法異門，所以還有根本與非根本的分別見。因此便有輪迴法相與涅槃法相的分別，亦即尚有智境與識境的分別，只是由雙運而離分別。簡單地來說，那便是：佛三摩地境唯是無二，菩薩行持境則只是雙運。此可譬喻為：佛的等持境界有如觀照整個螢光屏，菩薩的行持境界則尚有螢光屏與影像的分別，只是知道二者不能異離，而且是見影像時同時見到螢光屏（凡夫則只見影像）。

【頌文】　甯瑪祖師無垢友　　說經總綱為八事[46]

　　　　　八事攝三解脫門　　此須由修而了知

　　　　　初說空性與無相　　空解脫門即是此

---

46 「遮遣八事」即空性、無相、不生、不滅、不垢、不淨、不減、不增，此八遮遣根本義實攝三解脫門。

【疏】　無垢友尊者總括《心經》所說為「八事」，八事攝
　　　　三解脫門。經中說「空性無相」，即是空解脫門。
　　　　但此「空性」並不只是一個概念，實在是由觀修而
　　　　得的內自證境，須與「無相」一起觀修，同時現
　　　　證。

　　　　下來即詳說觀修「空性無相」的義理。

【頌文】　何以無相為空門　　不修習者必生疑

　　　　　且看彌勒說瑜伽　　行者如何證空義

　　　　　一法之所以為空　　以無自性可依止

　　　　　然則如何無自性　　實緣其相而得知

　　　　　名言相即是遍計　　緣生相是依他起

　　　　　其性不能由相說　　前我已舉陽燄喻


　　　　　今則重可舉一喻　　此則譬如為電視

　　　　　電視螢光幕中相　　何來自性依之起

　　　　　故由諸相觀其性　　即能決定於空義

　　　　　由無性相而證空　　故空無相同一理

【疏】　將「無相」歸入「空門」，必須由觀修才能了知。觀修是瑜伽行，依瑜伽行所說，要悟入「一切法無自性」，必須由相悟入，所以彌勒瑜伽行才會建立三自性相。

凡夫依名言將事物與概念建立為有，所建立的是「名言相」，這便是遍計自性相。行者依緣起將事物與概念建立為有，所建立的是「緣生相」，這便是依他自性相。這兩種相都不真實，所以一切法的性絕不能依相而建立，此如陽燄例，依相可以建立為水，亦可以建立為非水，但這都不是陽燄的自性。

再以電視螢光屏為例，螢光屏上的影像只是影像，所以連凡夫都不會將這些影像說為有自性。例如凡夫執世間的火有燃燒性，但他們一定不會說這些火可以燒毀螢光屏。

我們識境世間的一切法，實在亦是影像（佛說為「如幻如夢」），既由陽燄喻而知無真實相，那麼，便可以將「無相」與「空性」聯繫起來建立。

【頌文】　是故於空解脫門　　行者所修即此二

　　　　　初緣一境作等持　　復由境相察其義

　　　　　如是於空得決定　　且知空相之生起

　　　　　此即我說之現空　　現分空分都無二

　　　　　然而二者不能離　　離則因之成遍計

　　　　　必於現空雙運時　　始證空之真實義


【頌文】　經言色即是空者　　色依於空而生起[47]

　　　　　經言空即是色者　　以其空亦有生機

　　　　　經言色不異空者　　色於空性無可離

　　　　　經言空不異色者　　現空雙運即如是

　　　　　由現空而作觀察　　性相皆空即了知

---

47　此說「色即是空，空即是色；色不異空，空不異色」四句。

【疏】　所以在甯瑪派的修習中，並不是將「空性」單獨觀修，必須與「相」聯繫，觀為「**現空**」或「**明空**」（頌中只說前者）。於「現空雙運」中（或「明空雙運」中），證究竟空義。

若唯觀空性，便是落邊，是即遍計。

【疏】　《心經》中「色空」四句，便是「現空」的觀修，頌文已解釋此四句。由此四句便知道不能單獨觀空，亦不能只由緣生來說空。若分別說此四句，便可以說「色即是空，空即是色」是觀修現空；「色不異空，空不異色」是觀修雙運。

唐玄奘法師繙譯《心經》，將此四句譯為「色不異空，空不異色，色即是空，空即是色」，依梵本實在是顛倒了次序，由上來所說，便可以知道須先建立現空，然後才能觀其雙運，玄奘譯本先觀雙運，然後才觀現空，顯然不合。

由現空雙運的悟入，便可以決定「一切法空性無相」，由是再開展六事：「無生無滅、無垢無離垢、無減無增」。

下來即說此六事的建立。

【頌文】　經言無生與無滅　　無垢與及無離垢

　　　　　此為無相解脫門　　一切諸相皆不受

　　　　　此四無非為現象　　須知生滅同時有

　　　　　垢則現為雜染相　　持相為實成有漏

　　　　　雜染相雖有功用　　經驗學養皆為受

　　　　　有功用而性相無　　是則可證為無垢

　　　　　既然垢亦為無相　　自然可證無離垢

【疏】　先說六事中的無相四事：無生、無滅；無垢、無離垢。此四者皆為事相，若具體顯現時即為現象。

生滅同時，是故無生無滅；染淨相依，是故無垢無離垢。若不解生滅同時和染淨相依，那便只知道「現」而不知道「空」。

關於生滅同時，先前已說。染淨相依則可一說。一切心識的「垢」，便是彌勒瑜伽行派所說的雜染，此分為三：煩惱雜染、業雜染、生雜染，即是一切有情具有惑、業、苦的根源。然而三種雜染相只有功用而無性相（前已決定「空性無相」），這些功用在識境中真實，我們的經驗與學養都來自雜染的功能，分別可建立為政治、經濟、科學、文化、哲學等等，但此一切在「現空」中都不真實（如螢光屏外的人見螢光屏中的現象不真實），所以只能將這些現象視為法界遊戲，或說為法界莊嚴。既然對於雜染相須由「現空」來觀察，那便是染淨相依。雜染的現象是「現」，「現」依於「空」，便即是「染」依於「淨」。既然二者相依，便可說為「無垢、無離垢」。

【頌文】　是故淨土有功德　　阿彌陀佛非無有

　　　　　可以執持佛功德　　若執色相即生垢

　　　　　然而何以說佛相　　且說莊嚴佛淨土

　　　　　此實無非立境界　　令心行相持為有

　　　　　既持為有生尊重　　以無執故非為垢

【疏】　　既然一切法「空性無相」，唯有功能，所以佛亦唯說功德來建立淨土。修淨土的要旨，雖然由淨土相而入，但一切淨土相都必須歸入功德來認識，若僅持相、持咒（聲相）來修，便反而容易由執而生垢。或問：然則何以經中又說佛相與淨土相呢？這只是為行者的心行相而建立，心行相有佛與淨土，行者才能生起尊重，因此建立佛土相與淨土相只是方便，行者對此不生執着便不成垢。

【頌文】世尊故以佛功德　說為度母二十一

　　　　是阿彌陀諸眷屬　無性無相唯功德

　　　　何以其數二十一　性相用三各有七

　　　　三門各具七度母　七種方便佛所立

　　　　七種方便皆觀修[48]　非依名言而可得

　　　　此即五停心觀法[49]　總相別相緣而入

　　　　復以加行四道位　煖頂忍及世第一

　　　　是知世尊之用意　總歸性相於功德

　　　　故知生滅垢離垢　可以說為有非有

　　　　無者但無其性相　依其功能則是有

　　　　是為無相解脫門　要義在知門背後

　　　　一片生機萬象呈　於中生滅誰參透

---

48　七種方便觀修，即五停心觀五種，及總相、別相，共為七種。

49　五停心觀為止息煩惱惑障之五種觀修法，即不淨觀、慈悲觀、緣起觀、界分別觀及數息觀。於觀修時，須與四念住配合，四念住為：身念住、受念住、心念住、法念住。

【疏】　說淨土功德可以用二十一度母的建立為例。二十一度母屬蓮花部，是阿彌陀佛的眷屬，也可以說是阿彌陀佛在世間的二十一種功德。建立為二十一，是依性、相、用三門，每門各具七種功德來說。這七種功德是為行者觀修而建立的方便，行者依此方便來修淨土的性、相、用三門，即能由觀修而入無相解脫門。

是故觀修淨土的行者須知，淨土的觀修只是方便，唸佛當然更是方便，要旨在於悟入方便法門背後的密意，知佛功德，於現空無二中見到萬象的生機與究竟空性雙運，於現證時，即能由生滅法證悟無生。

上來說無相解脫門畢。

【頌文】　經言無減與無增　　是為無願解脫門
　　　　　　菩薩不求煩惱減　　亦復不求功德增
　　　　　　於煩惱中無所減　　雖善功德無所增
　　　　　　以無增減二願故　　無願輪迴與涅槃
　　　　　　此為無間道修證　　我亦未能修此境
　　　　　　是故不欲更深言　　免障有緣入涅槃

【疏】　　六事中的無減、無增，是說無願解脫門。

初學佛的人常有一個誤會，以為學佛是一個增減的過程，增一些甚麼、減一些甚麼，便是行者的成就。因此便常常執着於善惡的分別，以為增加一切善、減去一切惡，即是行者之所當為。由是於學佛的過程中，上師教他觀修，他必然會問，這個法有甚麼好處？可以除去我一些甚麼壞處？若持此態度修法，其觀修必無功能，只能求得心靈的安慰。有些上師為了遷就弟子，於是過份強調本尊的功德，結果便變成偶像崇拜。這便是有增減二願的壞處。

行者若無增減二願，即無希冀涅槃、怖畏輪迴的願，如是即入無願解脫門。

【頌文】 如是八事說三門　是於經中有二義

　　　　一為全經之提綱　一是資糧道聞持

　　　　如何得入於般若　資糧道上細尋思

　　　　於其義理生決定　即得資糧二種時

【疏】　由八事說三門，即是全經的提綱，由此即知《般若經》系列的結構。資糧道行人須全盤信解般若，然後才能得到資糧。所以無垢友由八事、三門說《心經》，實為資糧道行人而說。行者依八事來理解般若所攝的三門，還不光是理解，這理解實在要通過修內觀來悟入，這樣才能得到資糧。

　　例如密乘行人於資糧道上修獻供壇城（獻曼達），便要觀察「空性無相」而修，於空性中無相而生起心的行相（生起四大部洲、輪王七寶等），此時便應悟入不生不滅；復由根識生起供養（如八大天女），此時便應悟入無垢無離垢。

【頌文】　加行道上兩重止　　此即止於內與外

先寂止於蘊處界　　萬象及心都不壞

及至心境合一時　　能取所取同時解

復寂止於十二支　　任相流轉於空界

順為緣起逆緣盡　　其起其盡皆狀態

止於無相而證空　　兩隻泥牛打入海[50]


何以亦無四聖諦　　此加行道深決定

苦由集起集無有　　是則如何有苦性

無苦如何有滅苦　　滅苦之道亦不成

如是即知如來藏　　說之為常樂我淨[51]

---

50　「兩隻泥牛」指能取與所取。

51　《大般涅槃經》說如來有四果德：常、樂、我、淨，此為佛性與凡夫無常、苦、無我、不淨的心識相對。佛性本然具足，無生無滅，周遍法界，法爾離垢。

【疏】　　《心經》說：「是故爾時空性之中，無色、無受、無想、無行，亦無有識」。那是加行道上行人依蘊、處、界修寂止。其後開展為「無眼耳鼻舌身意，無色聲香味觸法，無眼界乃至無意識界」的內觀。於此之後作第二重內觀，那便是觀十二因緣，即是《心經》所說的「無無明，亦無無明盡，乃至無老死，亦無老死盡」，是即於空性中生起十二支相來作順逆觀察，那便是十二種生起相與十二種盡滅相。在這樣的觀修中，見心的行相為無相，於時即次第離能所，更無能取與所取。

　　　　然則為甚麼「無苦集滅道」呢？那是由觀察中「滅集」而成，人的「集」是五蘊（身色與心識的組合），集若滅時，則無苦、無滅、無道。這可以說是加行道上行人的甚深決定，由此決定才可以悟入真如。

【頌文】　是時未證如來藏　　須於見道上證知
　　　　　如來藏智即真如　　觸證還妨作執持
　　　　　故言無智亦無得　　不堪智境苦相思
　　　　　若然逗留於智境　　即於繾綣壞行持
　　　　　其所說言無得者　　於其用外而無之
　　　　　是故不壞功德果　　不以為得即等持
　　　　　經中復言無無得　　不無其用是其意
　　　　　加行道上證空門　　見道無相解脫時

【疏】　《心經》言：「無智、無得、亦無無得」，是說見
　　　　道行人。

　　　　見道行人其初未證如來藏智，亦即未證真如，於觀
　　　　修時有所觸證，若持之為智境即壞行持，因為受到
　　　　束縛。及至真實觸證真如，證如來藏智，亦不能執
　　　　持智境，所以說「無智、無得」。這裏說的「無
　　　　得」，不能連如來法身功德亦說為無所得，因為壞
　　　　功德果便即是壞滅世俗，所以經文又說「亦無無
　　　　得」。這便是說，證如來法身功德是由世俗而證，
　　　　經四重緣起觀察世俗（或者說經四重二諦來觀察），
　　　　得見如來法身功德，這才是觀入如來藏智，是即為
　　　　「亦無無得」的「得」。

　　　　倘如說加行道上所證為空解脫門，則見道上所證即
　　　　為無相解脫門。

【頌文】 修道菩薩之所重　實為無願解脫門

離障離愚離粗重　重重地地所槃桓

騎馬越過九重山[52]　修道菩薩所為難

倘若勒韁不敢放　終須倦死在深山

是故觀自在菩薩　授之般若渡重關

一切障愚無自性　策鞭飛越更何難

難只難在有怖畏　是故前驅又退還

菩薩怖不離生死　所畏畏不得涅槃

如斯即是有二願　無願涅槃彈指間

是故甚深般若者　菩薩六地未能攀

---

52　指菩薩修道位上二地至十地之修學，見上來註19及40。

【疏】　接着說修道，由二地至十地。

修道菩薩的觀修是無願解脫門，即是《心經》所說的「以無所得故，諸菩薩眾依止般若波羅蜜多，心無障礙，無有恐怖」。

依「無智無得」這決定，修道行人反覆觀修，即可地地超越而至十地，每地的證智都要超離，每地的得都不執持，然後才可以上進，這便是瑜伽行派所說的，地地都要超越兩種障與一種粗重。

地地菩薩的愚與粗重（心理負擔）實由於心有障礙；心有障礙實由於心有怖畏。菩薩怖不離生死，畏不得涅槃，是故不能「無願」，若於修道上能離怖畏，即心無障礙而成地地超越至無學道位。此時菩薩已住入大平等性，所謂大平等性，便是見佛與眾生平等、輪迴與涅槃平等、世間與法界平等（當然包括法界上的種種世間平等，一世界中種種眾生平等）。

【頌文】無間道上諸菩薩　以無願而離顛倒

　　　　由是究竟證涅槃　三世諸佛同此路

【疏】　《心經》言：「〔諸菩薩眾依止般若波羅密多〕，超越顛倒，究竟涅槃」，是說無間道上佛的因位。由觀修「無願」而觀察大平等性，便能超越平等性而「超越顛倒」。舉例來說，心識境界中的世間有苦，離心識境界，由智識雙運，即可建立世間具足大樂，所以若執着釋迦所說的四諦來否定大樂，那便是顛倒。這顛倒不同世間眾生以苦為樂的顛倒，因為眾生是心識錯亂，無間道上菩薩則依智識雙運智（如來藏智）來作決定，亦即由無願平等智來作決定。如是觀修，即能平等智自解脫，不執持平等智境而法爾平等，是故「究竟涅槃」。

【頌文】　諸佛現證正等覺　　以離顛倒故為正
　　　　　諸佛同證是為等　　都無分別是覺性
　　　　　經言現起平等覺　　即現證大平等性
　　　　　大平等即離分別　　此是不可思議境
　　　　　如來藏故空不空　　以離四邊而現證
　　　　　離四邊者即唯一　　說與凡愚都不醒

【疏】　《心經》說：「三世諸佛，亦依般若波羅蜜多故，
　　　　證得無上正等覺，現起平等覺」。佛所證的覺，因
　　　　為離顛倒，所以說是「正」。因為諸佛所證同一境
　　　　界，是故為「等」。其實還不只這樣，十地菩薩得
　　　　平等性自解脫，即證入大平等性，二者的分別在
　　　　於：證平等性時還有界限，例如說世間、說輪涅，
　　　　都可施設為「界」，大平等性即無界限，所以雖然
　　　　說是「法界」，其實法界無界，不同世界的有界。
　　　　因此，平等性自解脫後的大平等性，只能說是不可
　　　　思議境界，或說為如來藏境界，讀者千萬不可為此
　　　　「界」字生執着，認為界必有限有邊，必須體會
　　　　「不可思議」這句義的密意。

　　　　由於如來藏是一個境界，並非實體，所以已經超越
　　　　了空與不空，只能離四邊見說為「唯一」。用識境
　　　　的語言來說這「唯一」的境界，便說他有常、樂、
　　　　我、淨四種功能，此義深密，不但凡愚不知，即佛
　　　　家的行人亦常常不理解，所以才會誤判如來藏，他
　　　　們的所判，是依自己對如來藏的理解來判，例如近
　　　　時有兩位日本學者說如來藏非佛說，那便是依他們
　　　　將如來藏看成是場所來作否定。其實如來藏只是一
　　　　個不可思議的境界，怎能將之說為是可以思議的場
　　　　所呢？

　　　　上來已依《心經》說五道、十地畢。

【頌文】　所說密咒五功德[53]　亦與五道作相應

　　　　　經言此大秘密咒　資糧道上為大明

　　　　　加行道證為無上　無等等為見道證

　　　　　能除一切苦咒者　別別地上起其應

　　　　　至於無間道菩薩　真實無倒為證境

　　　　　是皆說之為修習　以其義理為修證

---

53　吉祥師子之《心經密咒道釋》說波羅蜜多咒具五功德：

　　以其自明自性，故為大明咒。

　　以其非為他人唸誦，故為無上咒。

　　以其不建立為有法，無等於性相，〔故為無等等咒〕。

　　以其自性相即是功德，等同無分別要義，於通達要義時，能最勝除滅
　　一切顛倒之苦。

　　以其咒義住於無所緣之澄明，是故不虛，且知咒義為真實。

　　此五功德總攝五道義理，可參考阿底峽尊者《心經無垢友廣釋疏》。

【疏】　依梵本，經文應為：「是故當知般若波羅蜜多大咒是大明咒、是無上咒、是無等等咒、能除一切諸苦之秘密咒，真實無倒」。這句經文通攝五道。一、能自明一切法自性，是「大明咒」，攝資糧道；二、唸誦時作四尋思，起如實智，是「無上咒」，攝加行道；三、一切有法都不建立，是故無等可等（超越高下等級），是「無等等咒」，攝見道；四、現證一切法自性都是如來法身功德，此即現證無分別，於無分別中即能除一切苦，是「能除一切諸苦之秘密咒」，攝修道；五、現證法身住入澄明虛空，見一切法之真實，是「真實無倒」，攝無學道因位無間道位。

如上所說皆依觀修而說，所以《心經》所說並非只是義理。

【頌文】　上來所說為內義　　都依修證而作說
　　　　　是即彌勒瑜伽行　　甯瑪派為三解脫
　　　　　行者初住於心性　　抉擇認知無分別
　　　　　是時即是資糧道　　加行道證水中月
　　　　　兩重寂止甚深明　　生圓次第難細說
　　　　　及至生圓真雙運　　如來藏露白如雪
　　　　　菩薩修道賴行持　　此時已見空中月
　　　　　唯願心經修證義　　有緣知此廣深說


【頌文】　經言世尊所認許　　以及如來之隨喜
　　　　　即是認許其現證　　唯此方能無生死
　　　　　若然但解其名言　　概念一堆非是理
　　　　　必由修證而行持　　始得如來為授記
　　　　　我說心經內義已　　唯願讀者知法味
　　　　　有緣親近善知識　　現證般若成二利

【疏】　此段頌文總說觀修次第，資糧道所見尚如畫月，至加行道則見水中月，菩薩見道觸證空中月光，至修道時見空中月，次第圓滿而入佛地，於佛地時，則恆時見月圓。

【疏】　梵本《心經》最後一段經文是如來隨喜觀自在菩薩所說，這隨喜，即是認許觀自在菩薩的觀修及現證，所以凡讀《心經》必須依觀修而讀，若演示《心經》，唯說一大堆「無」，而不說如何由觀修而無，是不知《心經》內義，唯依名言句義而說。望讀者讀我頌文後，能依善知識作觀修。

## 三、密義 —— 果續

【頌文】　心經密義無可說　　總攝則為無分別

　　　　　入無分別陀羅尼　　佛設四喻明其說[54]

　　　　　見銀見金見寶石　　明初三道而喻設

　　　　　修道猶如掘礦泥　　菩薩九重除障熱

　　　　　及至無間道上時　　掘得摩尼光似雪

　　　　　此喻即同密咒道　　亦同觀自在所說

---

54　指《入無分別總持經》（*Avikalpapraveśadhāraṇī*）中之四重寶藏喻：

　　彼所言顯現為銀之石者，即於〔所〕對治起分別諸相之增上語。

　　彼所言顯現為金之石者，即於空性等〔能對治相〕起分別諸相之增上語。

　　彼所言顯現為種種大寶之石者，即證得〔真如相〕起分別諸相之增上語。

　　彼所言得大寶如意寶珠大寶藏者，即觸證無分別界之增上語。

【疏】　密義無可說，不同內義可說觀修。總攝密義則為無
　　　　分別，此又可以分為四重，故《聖入無分別總持
　　　　經》便設四重喻。如掘寶礦，其初見銀，再掘見
　　　　金，再掘則見寶石，這便是說資糧道、加行道與見
　　　　道。經歷此初三道而至修道，則喻二至十地菩薩的
　　　　觀修如掘礦泥，及至無間道時，始掘得摩尼寶。

　　　　如是設喻，實同密咒道的施設：生起法、圓滿法、
　　　　生圓雙運、大圓滿。

【頌文】　無分別亦有次第　　四喻即為五道梯

　　　　　無分別非不分別　　資糧道上判雲泥

　　　　　如是即為善抉擇　　四加行法為初位

　　　　　加行道上內抉擇　　喻為得見金光輝

　　　　　資糧抉擇全為外　　今內抉擇始無迷

　　　　　否則唯躭於外境　　是故菩薩名常啼

　　　　　必須內擇且雙運　　如是加行歷四位

【疏】　　說為無分別，並非不分別，然而這分別只是區別、了別，並不是依名言與句義來作分別。所以我們可以區別蝴蝶與飛蛾、松樹與杉樹、張三與李四，但卻不是依概念來定價他們的高下、優劣。

　　　　《聖入無分別總持經》中的四喻，便是觀修入無分別的次第。於資糧道上，即能依外義作善抉擇，不住名言句義，知四加行法，此如掘礦得銀。至加行道，依內義抉擇，則喻為掘礦得金。所以資糧道的抉擇不如加行道，因為唯依外境，而未及至內識，那便永為外境所困。

　　　　頌文中提到的常啼菩薩（Sadāprarudita），由印度西方到東方犍陀羅國（Gandhavatī）求般若法門，於前，他見眾生常受苦惱，所以悲哀痛哭，人故名為常啼。唯見眾生受苦，便是為外境所困，若能離外境，便可以將名號稱為普慈（常啼菩薩的另一名號）。

【頌文】　見道喻如得寶石　　此即觸證真如相

　　　　　寶石輝光耀眼明　　行者易迷其透亮

　　　　　透則似無諸阻礙　　亮似心光能除障

　　　　　故佛教須更掘取　　從知真如相非相

　　　　　如是即住於法性　　入於離垢地道上

　　　　　修道都修無分別　　此即說如掘泥狀

【疏】　見道觸證真如，喻為掘得寶石。然而住於觸證真如境上，行者卻容易成為躭着，所以頌文說此如寶石透亮，因為通透，所以似無礙；因為明亮，所以似無障，然而這僅是似，所以釋迦便教行者仍須繼續掘礦，此即初地菩薩必須認知真如相非相，所證的智相亦非相，然後才能離證智相而入修道。及至修道，喻為掘礦泥，便是修道菩薩的地地離垢，由離垢障而得重重入無分別。

【頌文】　無間道[55]上諸菩薩　頓時掘得摩尼寶

　　　　　此時始證無分別　功德能生相形好

　　　　　是亦名為大圓滿　立斷頓超為開路

　　　　　四大解脫為立斷　現證初入無間道

　　　　　四大光明為頓超　以其光明能周普

　　　　　周普即離分別相　故亦說為無學道[56]

---

55　無間道為住十地上之最後心菩薩的修學位，其道為由住平等性而現證平等性，離諸相對法。此際已離真如相及次第證智相，入金剛喻定。

56　此以究竟果義說立斷、頓超。非謂一入手修此二者即入無間道。蓋甯瑪派重次第反覆修習，故雖於抉擇位亦修此二者為以助成，故不宜因起修即謂得道位。

【疏】　　入無間道喻為得摩尼寶珠，此時現證無分別，由金剛喻定證佛果位，於道上所得功德，即能生佛三十二相八十隨形好。

現證如來法身及法身功德雙運，見一切法都是如來法身境界上的隨緣自顯現，任運圓成，是即大圓滿。現證大圓滿須先現證立斷與頓超，這並不是抉擇位上所修的立斷與頓超，因為抉擇位未得密義。儀軌所說的四大解脫與四大光明，現證時亦只能超越抉擇位，若密修時，則由立斷而入無間道，由頓超而能光明周普，這才是入無間道的開路法門。因這法門已能離分別，所以便亦可以說是無學道的法門。

【頌文】 密乘是故修光明　五秘密脈<sup>57</sup>待圓成

　　　　五種光明智悲脈　秘密虛空不具形

　　　　白柔脈通日月輪　相連內外不孤零

　　　　喜旋無內亦無外　此亦智悲卻有形

　　　　六根門頭為世俗　六根都攝雜光明

　　　　由此而證無分別　萬里崎嶇成捷徑

---

57　五秘密脈之修習，依《吉尊心髓》（*lCe btsun snying tig*）之修習口訣，詳從師授。

【疏】　密乘觀修五秘密脈是大捷道。智悲脈內蘊五種光明，如水晶。連接智悲脈而貫通日月輪者則為白柔脈，如是內外相連。日月輪用光通向喜旋，所以其貫通則不具形相。喜旋亦可以說是智悲脈，不過卻有形相，非如智悲脈之如虛空。因此可以這樣來理解：白柔脈的兩頭，內連虛空智悲脈，其連接具形；外連具形喜旋，其連接卻不具形。這喜旋非內亦非外，除與日月輪貫通外，亦由光明貫通六根門頭。

六根門頭是眼、耳、鼻、舌、身、意六根的總滙，所以統攝六根光明，種種雜色，這亦可以說有如水晶，只是水晶的虹光內蘊，六根門頭的雜色光明卻外顯。

觀修五秘密脈圓成，便能入無分別，六根圓通。這亦即是《楞嚴經》中觀世音菩薩所說的「內聽」，此為入無分別的捷道。

【頌文】　心經說咒五重喻　上來已說今更說

　　　　　入無分別故大明　無上初住無分別

　　　　　熟住無分別之時　月已欲圓十二月

　　　　　見道觸證無分別　無等團圓光欲奪

　　　　　月圓亦漸退光輝　故須更證無分別

　　　　　此中局限實重重　譬如時方二假設

　　　　　行者生於時方中　是則豈能作超越

　　　　　修道唯藉虹光蘊　周遍法界離優劣

　　　　　故譬之為除諸苦　以苦緣於具分別

　　　　　無間道上離顛倒　離我地球而觀月

【疏】　　上來已略說密咒四重喻，今則更用月為喻。

　　　　　由觀修《心經》，次第入無分別，此時可說為「大明」，因為已開始捨離有分別的無明；初住入無分別的境界，則可說為「無上」。及至熟住無分別之時，可用第十二夜的月形為喻，已具團圓的意趣而尚未圓。至見道時，行者才現證無分別，這時可說為「無等」，這便有如第十五夜的月圓。

然而見道的現證無分別，只能說為「觸證」，非如佛之圓證。這比如人居暗室，忽然由空隙透入一線陽光，這便是觸證陽光，佛則如在大地見陽光，所見周普，這可能說為圓證。不過二者所見的境界雖然不同，然而所見的陽光則相同，所以見道行人的觸證亦可以說等同佛的現證。

見道行人觸證無分別後，仍須於修道上反覆修證，因為觸證會退轉，有如第十五夜的月圓亦會漸缺，所以修道行人仍須地地更證無分別，這是一個很艱苦的過程，尤其是我們有與生俱來的根本分別，例如時間與空間。我們的世界是一度時間、三度空間，這便是我們的局限，所以要超越時空來現證無分別實在艱難。修道菩薩只能藉觀修光明，由光明周普法界來離時空分別。這便是《金光明經》的基本意趣，此經是天台宗的根本經典，尊重此經，證明天台宗的祖師實有觀修與《楞嚴經》相通的光明。一切苦都源於分別，無分別則離一切苦，這時可說為「能除一切諸苦」。

至無間道上，行者已都離分別，有如恆時見月光明，此時更無初月、半月、圓月、缺月之分別，所以筆者說為離地球而觀月，無時不見月圓。

【頌文】　此處須知性相用　三無分別始為義

　　　　　是故我宗立地道　十一地至十六地

　　　　　躭用未能無分別　治以十一與十二

　　　　　執相未能無分別　是則治以十三四

　　　　　十五十六治性執　無間道上為修治[58]

　　　　　此即極微細煩惱　以及所知細習氣

　　　　　若未圓滿四灌頂　終於塵隔障菩提

　　　　　及至成就最後心　其定方名金剛喻

---

58　筆者初寫〈心經頌釋〉時，由於習慣說性相用的次第，當說十一至十六地時，便口誤說治性為十一、十二地；治相為十三、十四地；治用為十五、十六地，其時目疾已深，所以未能校出錯誤。今時目疾已較好，於作疏時將全頌通讀一次，發現錯失，故特為校正，並向《心經內義與究竟義》的讀者致歉。

【疏】　十一地至十六地為無間道因位，行者成佛，必須現
證法、報、化三身無分別，若傾向於法身，則為性
執；若傾向於報身，則為相執；若傾向於化身，則
為用執。此時分別治以十一至十六地，具如頌說。
這些傾向便是極微細煩惱障、細習氣所知障。

初入甯瑪派之門，上師便開示「無上」，如「無上
皈依」、「無上發心」等，這時所說的「無上」，
實即說法、報、化三身無分別，必須三身無分別然
後才是「無上」。這是密乘觀修的要訣，亦是華嚴
宗及天台宗的要訣，應該亦是禪宗破關的要訣。

至於修金剛喻定，則為現證三身無分別的最後心菩
薩，此定圓成，得佛四灌頂然後成佛。

【頌文】　金剛具足七功德[59]　是皆緣於無分別

　　　　　無瑕無壞亦無虛　無染無動離變異

　　　　　周普故能無障礙　無能勝是第一義

　　　　　金剛七句若知曉　金剛喻定即能知

---

59　此謂如來藏空性本始基具七金剛功德：無瑕、無壞、無虛、無染、無動、無礙、無能勝。

【疏】　　說為「金剛」，實說如來藏具七種功德。

「無瑕」、「無壞」、「無虛」，此三者表徵如來法身功德。法身功德離名言句義，是故無瑕；亦不能壞，是故無壞；一切識境都由此功德而成隨緣自顯現，既具足識境，是故無虛。

「無染」、「無動」、「無礙」，此三者表徵如來法身。法身上雖有識境顯現，但法身則不受其雜染，是故無染；法身亦不隨識境而變異，是故無動；法身周遍一切界，是故無礙。

如來法身與如來法身功德雙運（是即如來藏境界），說為無上菩提心雙運，此即施設如來法身為勝義，施設如來法身功德為世俗，如是施設，更無他者可以超越，是為「無能勝」。

金剛喻定即由此七者為喻，現證如來法身及其功德，由是證如來藏境界。

【頌文】　如何是無分別境　　假名之為如來藏

　　　　　　此因功德而立名　　已斷業風轉識浪

【頌文】　如來藏已離分別　　諸自顯現於中起

　　　　　　可自現為佛淨土　　亦可自現為膿池

　　　　　　頓於時空得超越　　藏識所轉如來智

　　　　　　盡所有與如所有[60]　亦分別亦無分別

---

60　「盡所有智」（yathajñāna）見一切法之總相。「如所有智」（yāvatajñāna）
　　見一切法之別相。

【疏】　如來藏境界即無分別境界，假名為如來藏，即依如
　　　來法身及其功德而立名句，於此境界中，無業風
　　　起，所以識浪不轉，由是而成名言句義盡、戲論盡
　　　的無分別根本智境。


【疏】　周遍一切界的識境，於如來藏境界中，隨緣自顯
　　　現，因為是隨緣，所以可顯現為淨為染、為善為
　　　惡、為因為果、為有為為無為。此境界超越時空，
　　　所以可以周遍一切界。

【頌文】　是故經言如來藏　　是依是持是建立[61]

　　　　　顯現依之自顯現　　諸自顯現彼能持

　　　　　由是建立諸世間　　一切平等無有二

　　　　　經言現起平等覺　　即如來藏之機理

　　　　　故亦說為證智境　　此境唯佛始能知

　　　　　生機周遍為大樂　　周遍平等即唯一

　　　　　是故若判如來藏　　樂空唯一最相宜

　　　　　如是平等性相用　　始為佛證自然智

---

61　《勝鬘》：「是故世尊，如來藏者，與不離解脫藏，是依，是持，是為建立；亦與外離不解脫智諸有為法，依持建立。」

【疏】　　《勝鬘經》說如來藏與智境依持建立，亦與識境依持建立，是即說如來藏為智境與識境雙運的境界。此境界平等建立諸世間而成唯一，這便是《心經》所說的「現起平等覺」，所以如來藏境界唯佛能知、能證。若要對如來藏作判別，依其生機周遍可判為「大樂」；依其周遍平等可判為「唯一」，筆者建議，判之為「樂空唯一」最為適當，若判之為「真常唯心」，那只是對如來藏的誤解；若判之為「場所」，那便是將此境界視為實體，而且將無礙的境界視為有礙、無邊的境界視為落邊，那只是對如來的誹謗；若判之為破壞緣起，那是不知四重緣起，當然更不知相礙緣起，因此不認知何為「任運圓成」，若洞知緣起，則當知如來藏實為緣起法的最高境界，必須見一切法任運圓成，然後才能超越相礙而成無礙。

【頌文】 樂空唯一如來藏[62]　說為諸佛之功德

　　　　樂空是故非唯空　離諸相對即唯一

　　　　樂空唯一如來藏　是亦說為智大用

　　　　此亦說為佛身智　身智無異即樂空

---

62 依甯瑪派教義，可方便說「如來藏」（tathāgatagarbha）為不受煩惱污染的
　心識狀態，而受煩惱污染的心識狀態則名之為「阿賴耶識」，故如來藏與
　阿賴耶識是二種心識的相，不受污染與受污染則是心識的兩種力用，由是如
　來藏非說本體，是故不存在空與不空的問題。至於《勝鬘》一系列經典中建
　立「空如來藏」及「不空如來藏」，實說二種如來藏空智。《大乘起信論》
　依此方便立「一心二門」之說，而藏土覺囊派則立他空見，說如來藏本體不
　空，所空者唯是如來藏上所染煩惱，如能現證所染煩惱之空性，如來藏即能
　顯露。印順法師誤解宗喀巴之說，據他空見判如來藏為「真常唯心」，是空
　後轉出來的不空，故非佛說。（可參考印順法師《印度佛教思想史》、《如
　來藏之研究》。）

　甯瑪派依了義大中觀見立「三句義」說如來藏，將如來藏之見地與現證「現
　空」、「明空」、「覺空」之修習配合，使行者次第現證無二、離戲之究竟
　無分別智，亦即現證樂空唯一之如來藏境界。

【疏】　如來藏不是「唯空」的境界，因為有如來法身功德，此功德不能說之為空。依如來法身功德，可以說為佛內自證智的大用。所以，如來法身功德只能說是大樂。

　　　　大樂亦即是大悲，由佛的立場來看法身功德，一切識境能依法身功德而任運圓成，便是大樂；若由眾生的立場來看法身功德，如來有此功德來利益眾生，便是佛的大悲。必須如此理解，才不會將如來藏的大樂，看成是離世間苦而得樂的樂。

　　　　如來藏智即是佛內自證智，亦即是如來法身，所以身智無異。法身施設為空，法智施設為大樂，這便是樂空唯一，因為已盡離一切相依相對法，於如來藏境界中，唯見能適應相礙的一切法任運圓成、無礙而圓成。

　　　　上來所說，為對如來藏的決定見，若無此決定見，當然無法悟入如來藏，更談不上現證如來藏，此為學者必須信解的諸佛密意。

【頌文】　細讀彌勒寶性論　　即知如來藏義理

　　　　　一自陳那今學[63]興　　此論曾淪塵土裡

　　　　　其後慈護再弘揚　　寶塔放光澈千里

　　　　　因知佛說究竟義　　欲作弘揚非易事

　　　　　世間共業定興衰　　一綫於今幸傳世

　　　　　是故彌勒瑜伽行　　能從大樂知法味

---

63　又作唯識今學，陳那等論師強調了彌勒瑜伽行中唯識支分，並發展出一以唯
　　識為基之因明學說。陳那立相分、見分、自證分「三分」學說，其後為補救
　　於見道證初地後仍執內識為所依之弊，護法遂建立證自證分，成為四分。

【疏】　據《青史》說，《寶性論》及《辨法法性論》曾有
一段時期失傳，陳那的唯識今學代替了瑜伽行古學
的地位，及至至尊慈護（Maitrīpa）見寶塔放光，才
將此二論取出，然而於法義未能通達，於是祈禱彌
勒菩薩，得菩薩現身為其講授。慈護得法後，傳與
歡喜名稱（Ānandakīrti），此二論由是得廣弘，瑜伽
行古學自此中興。

佛法的興衰實由眾生共業所成，慈護出生於西元1007
年，其時已入末法時期，瑜伽行古學的論著失傳，
應與共業有關。玄奘法師將唯識今學傳入漢土，當
然未傳此二論，所以他傳的《彌勒五論》，便以藏
傳的《彌勒五論》不同，然而瑜伽行中觀教法卻為
藏傳佛學的根本，所以尚能一綫延綿至今日。筆者
認為，學人若真想於瑜伽行古學得信解，必須先從
「大樂」來嚐如來藏的法味。若依甯瑪派的道名
言，則是由「現空」（生機）及「明空」（區別）
來理解任運圓成，及由「覺空」來現證，如是而
覺，則可悟入「樂空唯一」的境界。

【頌文】　上來所說為密意　　亦即心經究竟義

　　　　　唯願讀者自尋思　　莫自縛於自宗義

　　　　　不知分別無分別　　是則豈能說無二

　　　　　若知分別無分別　　則能勝解樂空智

　　　　　空則無相與無願　　樂則性相遍生機

　　　　　樂空唯一如來藏　　現起淨土諸莊嚴

　　　　　樂空唯一如來藏　　三千大千其所現[64]

---

64 依了義而言，如來藏則為周遍自顯現識境之佛內自證智境。此即言，若唯指佛內自證智境，此智境名為「法身」；若指成自顯現之智境，則此智境名為「如來藏」。然二者實無分別，因為前者只指法身，後者則連同法身功德而說，然而法身不離法身功德，所以二者的境界完全相同。作名言區別，只是為了方便。

所以智境雖自顯為識境，而實無變易（依然法爾不受雜染，離諸障礙）；自顯現識境與智境恆無異離（是故一切有情雖落識境，依然都有如來藏）。

此二頌即說自顯現。

【疏】　上來所說即為《心經》密意，是即《心經》究竟
　　　　義，若學者受縛於自宗義，而不知其為法異門，也
　　　　便容易持法異門來誹謗如來究竟義。

　　　　釋迦說法，重視學人能入無分別，說《入無分別總
　　　　持經》，可以說是釋迦為學人鋪路。若不知學佛途
　　　　中有重重分別須離，則實不知如何入無分別，這樣
　　　　一來，便只能依自宗義來理解佛說，對於不二法門
　　　　亦只能皮相，於是諸宗起諍，如中觀宗與唯識宗，
　　　　那便顯然是落於邊見而諍。倘如能信解「樂空智」，
　　　　即能善入空、無相、無願三解脫門，且不落性、
　　　　相、用的分別，於世俗中但見生機滿眼。

　　　　補充一句，說不落性、相、用的分別，可能受人質
　　　　疑，然而前已說及「無上」，依無上，即法、報、
　　　　化三身三無分別，亦即性、相、用三無分別，此無
　　　　上無分別亦須了知。

【頌文】　我願回向諸有情　　彼無二境能安住

　　　　　我願回向諸有情　　心經甘露心頭注

　　　　　我雖修密四十年　　實於密乘無偏私

　　　　　但唯密乘有修習　　恰符彌勒聖教語

　　　　　是故潛心而向此　　不復徒困於文字

　　　　　持平今說聖心經　　依止諸佛之加持

【疏】　　此為筆者的回向。

　　　　　筆者當年能成此論，今日又能修訂，且能自釋，實
　　　　　乃上師、諸佛、本尊、空行、護法加持。密、密、
　　　　　密。

此心經頌釋，為我依上師教授，或依修證境界而造，清淨憶念皆自心底流露而出，無有修改造作。於中稍有強語，亦緣於悲心之發布，故未加以壓抑。若興諍論，我亦不答，以佛亦許置答故。

猶憶童年時，先大人紹如公口授我以《心經》，我雖稚齡，及後亦未足於名相之註解，以為必有深義，然持之以問尊長耆宿，終不能得其要領。至余三十八歲時，敦珠法王無畏智金剛上師始示以如來藏無分別義，乃於此經豁然而悟，若僅為名相之羅列，然後一一無之，是焉能說為般若大經之心髓也。更經二十年，然後悟入其樂空唯一，實未能證也。其後十年間，即依此境界而編譯《甯瑪派叢書》。故我學佛至途窮時，實由移步而窺如來藏始得入其深法義，一步之移，難事難事。

願此篇韻語，令人真能解讀《心經》，而非徒困於名相。我於說其外義時，已超越名言而說。願此少份造頌功德，如滴水入甘露海，於是即水塵亦能沾法益，如是即為俱利。

願此心流露，能令有情入解脫道，撥迷霧而知如來藏。我判之為樂空唯一，實依究竟教理。

西元二千又二年，歲次壬午，於關中修吉尊心髓，關課之餘，持修證境界而造此頌。無畏慚愧而記。

西元二千十四年，歲次甲午，略作修訂並疏，無畏八十。

附

錄

# 諸宗般若差別

敬禮諸佛正法佛子諸論師

## 一、論旨

　　近代學人將佛法視為學術，於是循世間學術觀點，將佛法傳播視為理論發展過程。實質佛法傳播雖可分前中後期，而法義則實非依期發展而成立。

　　如果認為佛法實經過千數百年的思想發展而逐漸成立，則佛所證即不能為「一切種智」。但事實上決非如是。釋迦說《阿含》（Āgama）時，其所證悟決不止五蘊、十二處、十八界及四諦、十二因緣；說「如來藏藏識」（tathāgatagarbha-ālayavijñāna）時，非不知有八識聚及諸心所；說《般若》（Prajñāpāramitā）時，亦非不知有「緣起性空」的中道。

　　依藏傳佛教甯瑪派（rNying ma pa）的「九乘次第」教授[1]，一切佛法可歸納為九次第，即九個不同的層次。每一層次都有說有修，但由於層次不同，其基道果便亦不同。初傳大乘時傳出的文殊師利不可思議法門（不二法門），法義太深，修習為艱，於是始橫說豎說、深說淺說般若及法相。後代論師依個人修習演說法義，於是即成宗派。是故不但對一切經典需從實修立場理解，即於一切宗派的論典亦必須如是理解。

　　因此我們對於在漢土及藏地發展出來的宗派，亦決不可忽

---

1　我們相信此由印度阿闍梨傳入的教授，而非西藏所自創，是故才有「古舊」（甯瑪，rNying ma）之名。

視，認為非佛親說、非印度直傳。各派宗師根據當時根器建立修持法門，演說見地，即成各宗理論。如漢土華嚴說「十玄門」、藏地宗喀巴大士（Tsong kha pa, 1357-1419）依「中觀應成派」（Madhyamaka-Prāsaṅgika）見地建立次第，皆為適應當時根機而立論，此立論亦自實修而來，非架空而作思想發展。

由發展觀點來看般若，常常覺得混亂。學者會因此認為諸經論說般若有大差別。《般若》中固已對「般若波羅蜜多」時有不同的說法，而《維摩》（Vimalakīrti）、《華嚴》（Avataṃsaka）、《法華》（Saddharma-puṇḍarīka）、《楞伽》（Laṅkāvatāra）、《涅槃》（Mahāparinirvāṇa）諸經，所說又似與《般若》有異。從而釐定諸經成立時期及發展傾向，遂興諍論。

今本論試由實際修持觀點出發，比較諸宗演說般若的差別（而不是諸經的差別）。不將諸差別視為純理論的思想發展，而視之為諸宗修行次第依據。此應符合佛法傳播事實，蓋有說必有修，決不能認為大乘佛法但有說而無修證也。

## 二、般若涵義

般若波羅蜜多（prajñāpāramitā）即是佛智（buddhajñāna），即是諸佛所證的諸法實相（bhūtakoṭi），即是不二法門（advayadharmamukha），即是佛內自證境界（pratyātmagocara）。[2]

---

2　此可參《摩訶般若波羅蜜經》卷十一：「世尊，般若波羅蜜是一切種智，一切煩惱及習斷故。」（大正·八，no. 223，頁302a）；《大智度論》卷十八：「諸法實相，即是般若波羅蜜。」（大正·二十五，no. 1509，頁190a）；同論卷十一：「是般若波羅蜜為不可得相。若有若無；若常若無常；若空若實，是般若波羅蜜非陰界入所攝。」（大正·二十五，no. 1509，頁139c。）是即為不二法門；又云：「非有為非無為、非法非非法、無取無捨、不生不滅、出有無四句。」（大正·二十五，no. 1509，頁139c。）是即為佛內自證智境界。

　　由佛智，可說為二諦；由實相，可說為諸法空性；由不二，可說為無分別；由佛所證境，可說為無所得。此即般若波羅蜜多的涵義。佛家諸宗派說般若皆不離此四內涵，僅於演說時有所偏重或建立。其所偏重與建立，亦必針對實際修持，非是空談。此所以一切宗派皆修止觀。[3]

　　今即依上述四義，分見、修、行、果四科，依實際修習說般若種種差別。若能因此引起佛教學者重視，由實修立場出發，重新考察諸經論之偏重，及各宗修行見地差別，而不視為純理論的思想發展，則於此末法時期，當能糾正有說無修無證之弊。[4]

# 三、諸法空性

　　佛家各宗派無不承認空性（śūnyatā），然而對空性的定

---

3　甯瑪派所傳龍青巴尊者（Klong chen rab 'byams pa, 1308-1363）的《實相寶藏論釋》（sDe gsum snying po don 'grel gNas lugs rin po che'i mdzod ces bya ba'i 'grel pa），即說佛所證的境界為「無有」（med pa）、「平等」（phyal ba）、「圓成」（lhun grub）、「唯一」（gcig pu）。下來所引此論，依郭元興譯本。頌云：「心界要門心要究竟義，無有平等圓成及唯一。」此中「無有」，即諸法空性；「平等」，即無分別；「圓成」，即無所得；「唯一」即佛內證智（論中稱為「自然智」）。此論即就此四者（稱為「四金剛處」），論述「當下即是之實相」（無有）；「無執無着之修行」（無分別）；「自然安住之瑜伽」（圓成）；「任運成就之法身」（無所得）。如是建立見、修、行、果。由此可知般若實為修行而建立，非徒為理論而已。又，近人渥德爾（A.K. Warder）所著《印度佛教史》（Indian Buddhism），以「瑜伽行中觀」為中觀思想對唯識思想的調和與折中。若明上述般若內涵，且能就見修行果的實修觀點來考察，則當知「瑜伽行」實指修習，非僅指唯識學派。筆者於《寶性論五題》中，亦已引吉祥積論師的《說見次第》說明此點。

4　鄭振煌先生譯，索甲仁波切（Sogyal Rinpoche）的《西藏生死書》（The Tibetan Book of Living and Dying），全書即貫串了理論為修持而建立的觀點，所以才會將生與死的過程，視為四個中陰。此書通俗地說明了甯瑪派「生與死的禪法」，此禪法由持明事業洲（Karma gling pa）於十四世紀時傳播，現傳的「中有聞解脫法」即為其中之一分。筆者已將事業洲的法彙搜集齊全，參《六中有自解脫導引》，台北全佛文化，2011。

義與範限則各有不同。後人因而有「宗義學」（grub mtha'），然其說諸宗義，亦據基道果（gzhi lam 'bras bu）而說。[5] 由是知建立宗義，非徒理解宗義差別，實應同時判別諸宗的修行（道）及證量（果）。

判別內外宗，亦以見修行果而判別。其定義如下 ——

> 見：合如來四法印為內，不合者為外。
> 修：於煩惱能對治為內，不能者為外。
> 行：不落二邊為內，落者為外。
> 果：離繫為內，感人天安樂未超越三界為外。[6]

說一切有部（Sarvāstivāda）說空性，僅認為「補特迦羅」（pudgala）能獨立之實體空，如是建立補特迦羅無我。至於法（dharma），則認為色法、心法、心所法、心不相應行法及無為法均為實有。有為法（色法等）及無為法的差別，僅在於前者非常恆，而後者常恆。這樣的建立，為修四念處時所必須。所謂念處，即念頭之所依。念頭依於身（如觀出入息）即身念處；依於感受（如觀樂覺、苦覺、不苦不樂覺）即受念處；依於心識（如觀有欲心及無欲心）即心念處；依於法（如觀淨法及染法）即法念處。觀想時念念分明，即行者須對自己的覺受與心理活動認識得清清楚楚，由是即須將一切法視為實有。[7]

---

5　如陳玉蛟譯《宗義寶鬘》云：「說實事的小乘二宗根據初法輪；說無體性宗根據中法輪；瑜伽行派則根據末法輪建立自宗根道果的體系。」此即宗義範限。

6　此判別未據第一義諦立論，故即使有實事執的宗派，亦符合內宗定義。見貢噶上師《四部宗見略說》（韓大載筆記）。

7　參《中阿含》卷二十五《念處經》，及《雜阿含》五三五、六二一、六二三、一零二八、一一七一諸經。

經量部（Sautrāntika）說空性，補特迦羅無我，與有部同；於法無我，則許自相有，共相無。所謂自相，即指具獨特性質而有作用功能的諸法，如瓶。所謂共相，即指無作用功能的諸法，如虛空。[8]如是建立雖與有部不同，然亦為彼宗修道之所依。因其修習但重現量，不重比量，是故便承認現量的自相為實有，所空者僅為依比量建立的共相。如是即許佛之色蘊即是佛（色蘊為現量故），唯有除障（現量）而無解脫（比量）。[9]若一切法俱空，而不知中道義，其修習即成「無心定」，此即方廣部之「惡取空」。方廣之惡取空，實以虛無為空，這亦顯然是跟其所修習的禪定有關，即所謂「自受其法，自法供養，自法修行。」[10]

由是比較，知小乘行人之空見，實為其修行的見地。方廣部過份重視「滅受想」，以致心識枯寂；經量部過份重視現量（實際感受），以致唯說除障；有部過份重視外內六入的交涉，落蘊處界的邊際，以致說「法體恆有」、「三世實有」。

《般若》說空，為「體法空」，一切法當體即空，不須觀察相空，亦不須析法始見空性。況且，於修空觀時，若將組成事物的各種因素一一離散，然後始見事物的空性，這種觀法實非究竟，因為可能認為未離散的事物為實有，如說一切有部。是故大乘修空觀，以體法空為立足點。此即「色不異空，空不

---

8　法稱論師《釋量論略解》卷五：「勝義能作事，是此勝義有，餘為世俗有。說為自共相。」（依法尊譯本）──「能作事」即有因果作用，及成事的功能。

9　參《宗義寶鬘》及《土觀宗派源流》。

10　此如《大智度論》卷一：「更有佛法中方廣道人言：一切法不生不滅，空無所有，譬如兔角龜毛常無。如是等一切議論師輩，自守其法，不受餘法。此是實，餘者妄語。若自受其法，自法供養，自法修行。他法不受不供養，為過失。」（大正‧二十五，no. 1509，頁61a。）

異色；色即是空，空即是色。受想行識亦復如是。」

然而修禪定時，除空觀外尚須同時繫心識於一境而求寂止，此境界雖如幻化，但因心識所依故不能謂之為虛無，如方廣部之空定。是故於體法空的同時，即須建立假名（prajñapti）。空與假名互相依存，由是即不落空、有的邊際。[11]

龍樹（Nāgārjuna）建立中道，為般若的正觀，也即是對《金剛經》三句義（甲，非甲，是名為甲）的具體觀修。[12]然而般若的空觀，卻實為不可思議法門的演繹。此可由《維摩》而知。[13]

如今甯瑪派保存下來的一系列修法，稱為「大圓滿」（rdzogs pa chen po）的加行法（sbyor ba，　此中又分共外加行、不共內加行、密加行、密密加行），據說即是由印度傳入的不可思議法門修習法。其修習先不由龍樹的中觀起修，而由執心識實有起修。這樣做很實際，因凡夫初修，皆由心識起種種境，同時觀察境界的空性，此際很難連心識都觀空，蓋起心

---

11　《摩訶般若波羅蜜經》卷一：「離色亦無空，離受想行識亦無空。」此即說假名與空的依存關係。經中復云：「但有名字，故謂為菩提；但有名字，故謂為菩薩；但有名字，故謂為空。」如是安立假名，修空觀、修菩薩行、修菩薩道始有作用功能，不落一片枯寂頑空。然而於此假名卻不起執著，體法空故。經云：「名字是因緣和合作法，但分別憶想假名說。是故菩薩摩訶薩行般若般羅蜜時，不見一切名字。不見故不着。」（大正・八，no. 223，頁221。）此中應知，「空」亦是假名，是故於空見亦應不着（方廣則着空）。

12　《小品般若波羅蜜經》卷二：「般若波羅蜜不應色中求，不應受想行識中求；亦不離色求，亦不離受想行識求。」（大正・八，no. 227，頁541a。）此即般若的中道。

13　《維摩》云：「世間出世間為二，世間性空即是出世間。」（大正・十四，no. 475，頁551a。）如是建立不二法門，即上引《般若》義理、蓋色受想行識空即般若波羅蜜多，故世間性空即是出世間（更澈底的說法，見《鴦掘摩羅經》，亦可參考文殊師利法門諸經，此處不贅）。

動念，無非心識的活動，即觀察所止境界空性的「觀」，亦為心識活動，若不執心識為實，即反易陷惡取空邊，入頑空定。

如是即有「如來藏藏識」的建立。[14]

因此在次第修習中，若着重於「藏識」者即成唯識學說，若着重於「如來藏」者即成「真常」的他空見大中觀（gzhan stong gi lta ba dbu ma chen po）。二者皆為修道次第所須的建立，實未為究竟。

唯識家的空見，可以說用空性來分析行人與外境交涉時的心理狀態。由心識變現的外境固然不實，種種心王及心所亦不實。這種建立，實基於行人不能不把握着一個主體來修，於是心識即是主體，即是須改造的對象，由是說「轉識成智」，即將污染的心識改造為清淨的心識。因着重心識而未離心識，故中觀家即認為其尚有實事執。[15]

平實而言，修止觀實不能不經過「瑜伽行」的階段。在這階段中，修習心識與清淨境界相應（例如「金剛薩埵除障法」、「上師相應法」）。此際雖亦觀心識的空性，但實際上卻非執著於心識不可，此即是「虛妄分別有」。

---

14　最重要的經典為《楞伽》。筆者於《入楞伽經梵本新譯》中，依自宗見，說《楞伽》實全經說「如來藏」（如來藏藏識）。初說五法、三自性、八識、二無我，明如來藏的淨染相 —— 淨即名如來藏，染即名為藏識，皆為「自心現境界」。中間又說「聖智」，說「三身佛之教」，此即為修道的指示，教導行者如何淨除「自心現流」。然後接着說修離垢證如來藏，依教理行果開出四門（「善自分別心現」等），此即為修證之道。繼續說證如來藏心識，即分析菩薩證悟時的次第心理狀態。

15　彌勒菩薩於《辨中邊論》云：「虛妄分別有，於此二都無。此中唯有空，於彼亦有此。」（大正・三十一，no. 1600，頁464b。）此即謂於「虛妄分別」中（凡夫的心識污染狀態），所執的事物雖虛妄，然而能執的心及心所則非無。可是虛妄分別上無實能取、實所取，其中唯有空性。因此虛妄分別無非只是空性所顯的功能（用），空性始為本質（體）。

　　至於真常的「他空見」，則是從另一個角度來執心識實有
——清淨的心識（如來藏）為實有。這是因為不建立一實有的
目標，修行者易茫無所依，如是說「一心二門」，由「心生滅
門」的止觀，至「心真如門」的修習，且建立「心真如」為不
空，皆為修行道上之所須。[16]

　　因此宗喀巴雖依中觀應成派說來建立道次第，破他空見，
並指出他空見為不究竟，但於道次第中，實亦有依他空見而建
立的修道過程。此由《菩提道次第略論》所說的止觀次第修習
即可知，此處不贅。

　　「大圓滿」法門，即不二法門，既離實執，亦不執空，故
名為「大中觀」（為了跟覺囊派的「他空見大中觀」作分別，
亦名為「離邊大中觀」）。[17]然而在實際修道中，「大中觀」
只屬「直指教授」，上師只能「直指」見地，令行者自行證悟
此「離邊」的境界，而無實際修法儀軌傳授，蓋一落文字語言
即落邊際。由是可知，「大圓滿」雖為究竟，但此「不二法
門」卻仍須由執持心識的瑜伽行、執持「心真如」的他空見修
持，及執持空見的靜慮止觀，次第而入。

　　如是理解佛家諸宗派的「諸法空性」，即知見地實為修持
而建立，不是架空的思想發展。

---

16　參《大乘起信論》。漢土華嚴、天台，藏地覺囊派皆依他空見為修道見地。
　　宗喀巴大士雖針對當時環境，極力破他空見，實質上八地菩薩以下，都可用
　　他空見作為修持的依據。覺囊派的多羅那他尊者說：「一補特迦羅成佛之
　　時，非新得，只是遠離煩惱障與所知障。但是，世俗的一切都是新得的。」
　　（見《覺囊派教法史》，阿旺洛追扎巴著，西藏人民版）由此可見他空見實
　　為修道（離二障的修習）之所依。

17　此可參《實相寶藏論釋》所說：「總說境相三有輪廻涅槃為菩提心者，於
　　一覺性之體中隨順無動之法（引按：即無變異、無增減之法），了知皆是
　　覺性之遊戲妙用與嚴飾，自然顯現而安立『心』名。如隨日光明而立『日』
　　名。」由是可知既不執「覺性之體」為實，亦不執之為空，是為離邊。

## 四、無分別

般若中的「無分別」，諸宗所說約可分為兩科：一，離世間的分別；二，離世間出世間的分別。前者為不了義，後者為了義。[18]

說離世間種種分別，是針對小乘行人的修道而言。小乘沒有菩提心的修習，因此在修禪定時便不必以無世間分別為基礎。大乘一開始即強調菩提心，是故於世間法的觀修便不同小乘，非修無分別不可，否則即無從生起同體大悲。

唯識家說無分別，僅至世間的層次，大中觀則說世出世無分別。此即為大乘修道的判別。唯識因強調「識」的作用，而「識」則以「了別」為性，是故其無分別便有局限。無著論師（Asaṅga）於《攝大乘論》（Mahāyānasaṃgraha）中，說十種分別，第一即是「**根本分別，謂阿賴耶識**」。因此便不能將世間與出世間視為一如，蓋阿賴耶有污染，無論如何亦不能等同佛所證的境界。《攝論》中又說「**十散動分別，謂諸菩薩十種**

---

18 《摩訶般若波羅蜜經》卷二十四：「眾生但住名相虛妄憶想分別中，是故菩薩行般若波羅蜜，於名相虛妄中拔出眾生。」（大正・八，no. 223，頁398b。）如是即說離世間的分別。此離世間的分別，實即為修持之道。故經言：「爾時舍利子白佛言：世尊，諸菩薩摩訶薩云何修行般若波羅蜜多？佛言：舍利子，諸菩薩摩訶薩行般若波羅蜜多時應如是觀：實有菩薩，不見有菩薩；不見菩薩名；不見般若波羅蜜多，不見般若波羅蜜多名；不見行，不見不行。」（大正・七，no. 220，頁11b。）此即言離分別的實際修行。至於離世間出世間的分別，可以《維摩》為例。《見阿閦佛品》云：「爾時世尊問維摩詰：汝欲見如來，為以何等觀如來乎？維摩詰言：如自觀身實相，觀佛亦然。」（大正・十四，no. 475，頁554c-555a。）觀佛如觀自身，即離世出世分別。舉此為例，餘例尚多。

分別」。此即是本宗於修行道上的對治。[19]

　　「大圓滿」說無分別，在世間出世間無分別的層次。蓋自宗修道，視一切世間法皆為普賢法界之自在遊戲。[20]

## 五、無所得

　　「無所得」是心識的行相。大乘諸宗都承認心的行相皆應無所得，然而無所得的程度卻有差別。

　　復次應知，「無所得」的立足點是「無分別」。因此修道時的「無分別」極限，便即是行相上「無所得」的極限。[21]

---

19　玄奘譯《攝大乘論》卷中：「復次總攝一切分別，略有十種，一根本分別，謂阿賴耶識；二緣相分別，謂色等識；三顯相分別，謂眼識等並所依識；四緣相變異分別，謂老等變異、樂受等變異、貪等變異、逼害時節代謝等變異，捺落迦等諸趣變異、及欲界等諸趣變異；五顯相變異分別，謂即如前所說變異所有變異；六他引分別，謂聞非正法類及聞正法類分別；七不如理分別，謂諸外道聞非正法類分別；八如理分別，謂正法中聞正法類分別；九執著分別，謂不如理作意類薩迦耶見為本，六十二見趣相應分別；十散動分別，謂諸菩薩十種異性散動、七自性散動、八差別散動、九如名取義散動、十如義取名散動。為對治此十種散動，一切般若波羅蜜多中說無分別智。如是所治能治應知，具攝般若波羅蜜多義。」（大正・三十一，no. 1594，頁139c-140a。）此中緣相、顯相、緣相變異、顯相變異，正為修道時所止的境。至於菩薩的十種散動則為修道的障難，提出用「無分別智」來對治，顯然即是「轉識成智」的一貫立場。如是識與智對立，故其無分別即有根本局限。

20　龍青巴尊者《實相寶藏論釋》中云：「一切法本位境相，體性無偏，不墮邊執，為體平等；以慧觀緣，無思無取，為道平等；無所希求，無有轉變，為果平等；境相於覺性中不動，為界平等。覺性菩提心體，廣大解脫，本來安住於平等中，是名性不傾動之法性。」若欲深究，則可參閱《維摩》。如云：「解脫不內不外，不在兩間，文字亦不內不外不在兩間」；「一切諸法是解脫相」，如是等等皆說世出世無分別。恐煩不贅。

21　在《寶積》中的《入法界體性經》，有一段很重要的經文，為文殊師利與舍利弗的對話。這段經文甚長，略謂文殊師利要對舍利弗說「甚深最勝法義」、而「阿羅漢漏盡非受此法器」。開宗明義，即是對小乘修行「有所得」的破斥。於對話中，說「無涅槃」、「無死法」、「無智具足漏盡阿羅漢」、「諸佛是一佛」、「諸佛剎即一佛剎」、「諸法無可證、無可滅、無可思念、不可作」等等。舍利弗一一認同。最後文殊師利讚嘆：「善哉善哉，大德舍利弗，如汝所有境界，為我境界。我如是問，汝是如答，是故我知有爾許行也。」（大正・十二，no. 355，頁236c。）這段經文即說明了「無分別」與「無所得」的依存關係。「爾有許行」，即指舍利弗之「無所得」心行。

比較起來，中觀家及唯識家說證覺，仍以「三智」、「四智」為體，這即是仍有所得。[22]

持他空見者，雖說「依是三昧故，則知法界一相，謂一切諸佛法身，與眾生身平等無二。」（《起信‧止觀門》）然而所修止觀，強調「不外一心」、無差別的「一心」，便即其所執的實事，是故其「無所得」便亦不究竟。[23]

今復依《實相寶藏論》說無所得。無所得者，以「圓成」故。此圓成為法爾，故名為「本來圓成」。一切世出世間法顯現，皆為本來圓成法界的妙用，故無所斷，亦無所得。　由是於行相中，修「五根無作無集散」、「體認斷捨遠離戲論」、「境心所現無有平等障」、「無有勤修如自性清淨」、「圓成不動清淨三摩地」。此即是證究竟無所得的修行次第。此非修心行不起，亦非修無所執著，只是證世出世法普賢圓成。[24]

# 六、二諦

二諦即第一義諦（勝義諦、真諦）及俗諦（世俗諦、世諦）。此中的第一義諦即佛所證智，俗諦即為眾生建立的善巧

---

22　三智為一切相智、道相智、一切智；四智為大圓鏡智、平等性智、妙觀察智、成所作。

23　《起信》云：「真如三昧者，不住見相，不住得相。乃至出定亦無懈慢，所有煩惱漸漸微薄。若諸凡夫不習此三昧法，得入如來種性，無有是處。」（大正‧三十二，no. 1666，頁582b。）如來種性即如來藏，由是知其真如三昧畢竟仍有所得。

24　論頌云：「一切境界自相本圓成，一切輪涅遊戲本圓成，菩提心者本來圓成故，一切諸法圓成外無餘。」然則云何一切法圓成？論頌云：「楷定自性任運成就者，圓成無方無有外與內，諸法本相無取捨去來，無上下方大遍佈之界，全無決了亦全無偏私，此即無詮超思無言說。」是故「本淨體性全無所得故」、「輪涅五大離前後始終」。同樣說法亦見於文殊師利法門的經典。此不贅引。

方便。[25] 然而二諦決非對立，實彼此依存，且彼此相即。[26]

　　於本體上否定世間現象為真實，是第一義；於現象及功能上承認世間現象為真實，是俗諦。二者雖站在不同的層面立說，但並無相違，是故相即相如。

　　然而唯識家的二諦建立卻不如是。實指唯識的建立為第一義諦，離此建立即為俗諦。[27] 這樣差別，顯然跟其所修的道一致。是故其所得果便即是由識轉成的智。

　　覺囊派的他空見，則視唯識種種建立都屬世俗，唯佛自證自明的無二智為勝義。說法不同《起信》，然仍建立佛智。[28]

---

25　如《摩訶般若波羅蜜經》卷二十四云：「佛告須菩提：世諦故分別有果報，非第一義。第一義中不可說因緣果報。」（大正・八，no. 223，頁397b）；又卷二十二云：「佛言：菩薩摩訶薩以世諦故，示眾生若有若無，非以第一義。」（同上，頁378c）

26　參《中論》頌云：「諸佛依二諦，為眾生說法，一以世俗諦，二第一義諦。若人不能知，分別於二諦，則於深佛法，不知真實義。」復云：「若不依俗諦，不得第一義。不得第一義，則不得涅槃。」（大正・三十，no. 1564，頁33a）；《摩訶般若波羅蜜經》卷二十二亦云：「須菩提，世諦第一義諦無異也。何以故？世諦如，即第一義諦如。」（大正・八，no. 223，頁378c）

27　《瑜伽師地論》卷六十三：「云何世俗道理建立？謂依世俗道理建立諸心差別轉義。」「云何名為勝義道理建立差別？謂略有二：一者阿賴耶識、二者轉識。阿賴耶識是所依，轉識是能依。此復七種，所謂眼識以至意識。譬如水浪依止暴流，或如影像依止明鏡，如是名依勝義道理建立所依能依差別。」（大正・三十，no. 1579，頁651b）；《顯揚聖教論》卷二：「世俗諦者，謂名、句、文、身，及彼義一切言說，及依言說所解了義。又曾得世間心及心法，及彼所行境義。」復云：「勝義諦者，謂聖智及彼所行境義，及彼相應心心法等。」（大正・三十一，no. 1602，頁485c）

28　多羅那他於《他空中觀要義》中云：「隨順唯識派者所承認的三種無為法、色等外境、八聚識、五十一心所法、阿賴耶識輪轉法、調伏『他有』所攝的一切法，都是見聞法（按，見聞與證悟相對）。或說法、法性、分別法、能執所執所攝諸法、決定勝義時有事無事有為法、一切偶然安立的法，都無諦實。」，如是說俗諦；「界和無二智慧自證自明，是勝義諦法，即無為法。」，如是說勝義諦。將唯識家所建立的勝義說為世俗，是因為僅承認佛所證的無二智為勝義。他空修習，修空與無二，故其所證的果便是無二智。由是其所建立便較同樣說他空的「熏習」為長。

大中觀說「一切法是唯一自然智」，既說「唯一」（gcig
pu），即不須安立二諦。而且，此自然智亦非唯佛所證，實為
佛與有情的境界。無論作淨染顯現（故有佛與有情的分別），
此自然智均不變異動搖（如金剛）。故此自然智即是覺性，唯
有情具此而不顯露。[29]

然為隨順世間，勉強安立，則以「唯一」為勝義諦，有對
待者為世俗諦。因為「唯一」即離對待。[30]如是安立二諦，已
無「智」的執著。此已較應成派之根據無顛倒、有顛倒建立二
諦為長。蓋有無顛倒仍屬對待，非離言思之唯一自然智。

## 七、小結

「大圓滿」實證「諸法實相」。此可分說為四義，茲列表
以明之。

見 —— 無有：諸法空性

修 —— 平等：無二、無分別

行 —— 圓成：離作意、無所得

果 —— 唯一：自然智

此實為般若的究竟義，於《般若》及如來藏諸經中實已廣
明。

---

29  《實相寶藏論釋》中有論頌云：「一切生起之心菩提中，本無有二計量言難
舉。佛與有情境有情器顯，如是法性一中無動搖。」，由是說三平等：此即
「悟與未悟本來皆平等」、「境心無二於法身平等」、「解障無二於密意
平等」。如是三平等中，自無勝義與世俗的區別。此即深般若波羅蜜多的
「無智亦無得」。

30  此即如釋論所云：「一切菩提法於無二中揩定」、「無二唯一正抉擇之
義」。

　　然而為修習方便，於是降而為諸次第修習，由是有唯識、他空、自空種種建立。因此種種建立，於般若義便有種種差別。是故諸差別不宜視為般若思想的先後發展，僅宜視為道次第的次第傳播。傳播次第參差，則為適應當時根器之故。此如唯識次第雖低，卻傳播於他空中觀之後。

　　依道次第的觀點，一切建立既為各次第的見修行果，因此即不應加以否定，蓋都為佛說，或為佛的密意，是故不同外道邪見。

　　本論所言，僅為概說，若詳細而言，願期諸異日。又，本論實於閱讀龍青巴尊者之《實相寶藏論釋》後，受啟發而作，願持尊者法甘露灑向世間，願一切有情都沾法益。

　　西元一九九六年歲次丙子，於圖麟都，一夜間造此論竟。窗際已見晨曦與雪光交輝。

# 《六金剛句》説略

種種法總相　　自性皆無二
種種法別相　　遠離戲論見
雖無一見地　　名當下即是
諸相其遍現　　悉名為普賢
諸法自圓滿　　離作意過失
是於止觀境　　住無作而現[1]

上來所譯《六金剛句》，是藏密甯瑪派大圓滿法系的重要文獻。由此文獻，可以引發一系列討論 ——

大乘佛教發展的實況，亦即密乘源流與大乘佛教的關係；

如來藏思想在大乘佛教的地位；

密乘與漢土禪宗的淵源。

如上所列，每一項討論其實都可以寫成一本專著，現在只將問題點出，並略加討論，故本文便僅標題為「說略」。

---

1　此頌藏文：*sNa tshogs rang bzhin mi gnyis kyang / cha shas nyid du spros dang bral / ji bzhin pa zhes mi rtog kyang / rnam bar snang mdzad kun tu bzang / zin bas rtsol ba'i nad spangs te / lhun gyis gnas pas bzhag pa yin //*

## 本頌的歷史

本頌為大圓滿祖師俱生喜金剛（dGa' rab rdo rje）所造。

據甯瑪派記述，大圓滿法系在印度的傳承如下：俱生喜金剛傳妙吉祥友（Mañjuśrīmitra），再傳佛智足（Buddhajñanapada），三傳吉祥獅子（Śrīsiṃha），四傳而至無垢友（Vimalamitra）及智經（Jñānasūtra）。[2]

蓮花生大士（Padmasambhava）入藏後，所傳密法獨欠大圓滿法續，因遣弟子遍照護（Vairocana）赴印度求法。由一空行母指引，得見吉祥獅子。遍照護向之求法，吉祥獅子感到為難，因為當時王法規定，秘密法續不得傳出國外。後來，吉祥獅子吩咐遍照護，白天且向其他大師學習緣起法（即顯乘經論），晚上則將甚深密續予以秘密傳授。由是遍照護始得習大圓滿法要。及遍照護回國，便將十八本大圓滿密續，蘸羊奶寫在一塊白絲之上，偷偷地帶回西藏。[3]

---

2　據敦珠甯波車（bDud 'joms rin po che）著《甯瑪派教法史》（*The Nyingma School of Tibetan Buddhism*, Boston: Wisdom Publications, 1991）。於*Lineage of Diamond Light*一書中（列入*Crystal Mirror Series*, Vol. V）有相同的記錄。唯說俱生喜金剛生於西元前55年。吉祥獅子則生於西元289年。所據為藏傳資料，詳見該書附錄。另可參John Myrdhin Reynolds, *The Golden Letters* (Ithaca: Snow Lion, 1996) 一書中 "The Historical Existence of Garab Dorje" 一節（pp.205-213）。

3　據同上揭參考書。但Namkhai Norbu及Kennard Lipman英譯的*Primordial Experience, an Introduction to rDzogs-chen Meditation*（妙吉祥友原著, Boston: Shambhala, 1986）說法則略不同。遍照護僅帶回五本密續，不是十八本。十八本之數乃無垢友（Vimalamitra）後來的增添。這個說法比較合理，因為既然是偷帶，而且是用羊奶抄寫，便不可能帶太多的密續。提到的五本密續，全收錄於《甯瑪十萬續》中。其篇目如下：

《六金剛句》（《菩提心・覺性杜鵑》*Byang chub sems Rig pa'i khu byug*）
《菩提心・修習》（*Byang chub sems bsGom pa*）
《菩提心・抖擻》（*Byang chub sems rTsal chen*）
《菩提心・大金翅鳥》（*Byang chub sems Khyung chen*）
《菩提心・不枯大海》（*Byang chub sems Mi nub pa'i rgyal mtshan*）

　　遍照護回西藏後，將本頌改譯了一題目，名為 *Rig pa'i khu byug*，解起來是：覺性的杜鵑聲。原來西藏每當聽到杜鵑聲時，便意味着冬天已經過去，因此遍照護才用杜鵑聲之喚醒大地來形容覺性的顯露。[4]

---

值得注意的是，這五本密續都以「菩提心」（byang chub sems）作為標題，此應可證明，當時大圓滿論師，尚未提出「大圓滿」（rDzogs chen）這個名相。此系列著作，悉以菩提心作為闡述法義的依據。《甯瑪十萬續》收集了這十八篇大圓滿法系著作，據說其中五篇為遍照護所譯，十三篇由無垢友傳出。後來龍青巴（Klong chen rab 'byams pa）編訂時，又加入了兩篇。其中有些篇目值得注意。例如 ——

　　《圓滿總義》（*rDzogs pa spyi chings*）

這篇開始放棄了「菩提心」這一標題，稱為「圓滿」，但卻仍未稱為「大圓滿」。而另一篇則已標題為 ——

　　《諸法大圓滿菩提心遍作王本續》（Chos thams cad dzogs pa chen po byang chub kyi sems Kun byed rgyal po）。此篇「大圓滿」與「菩提心」並稱，可以看出此法系發展的一些眉目。大圓滿修習，以世俗菩提心與勝義菩提心的雙運為基礎。因此印度論師的早期論著，着重以「菩提心」作為標題，實在很有理由。於拙譯《四法寶鬘》（龍青巴尊者著）中〈道上除妄〉的一篇，有當代甯瑪派敦珠法王的註釋。在本論及註釋中，都強調二種菩提心的修習，但在見地上則取如來藏（tath gatagarbha）為依歸。對此筆者於譯時予留意。敦珠法王於著《甯瑪派教法史》時，曾寫了一章〈中觀宗宗義〉，說大圓滿與如來藏及菩提心的關係，筆者亦已將之譯出。敦珠法王的觀點，應為由印度論師一直傳下來的觀點，後文將予討論。

4　敦珠法王的《大圓滿開示》，足以令人領略覺性的問題。他開示道 —— 心性了不可得，眾生卻執以為實，而起自他對立之分別，因此眾生之「心」，充滿顛倒妄想，造種種惡業而輪廻下去，受種種苦。而諸佛則了知內外之一切，不管淨或不淨，皆如幻如化。對淨之追求，亦是如幻如化，不去執著。要將心放在心的本來面目上，離開無明之造作，不落入能取所取，此時明空無執的「明覺」自然就呈現出來。就像虛空的雲消失了，自然而然的呈現出明的樣子。這種離垢之明覺，即是大圓滿之核心，也是三世諸佛之心要（據林崇安譯文）。

遍照護以杜鵑聲中的覺性來標題《六金剛句》，即是敦珠法王所說的自然顯露的明覺。所以當瞭解到大圓滿的心要之後，便當覺得遍照護所加的標題很貼切而且生動具體。

至於《甯瑪十萬續》將本頌的標題又加上「菩提心」（byang chub sems）的名相，那只是標題詳略的問題而已。

## 造頌者的歷史

目前流傳的幾本印度佛教史，包括多羅那他（Tāranātha, 1575-1634）的《印度佛教史》，都沒有提到本頌造頌者俱生喜金剛的歷史。然而在甯瑪派的文獻中，他卻是一個地位極其重要的人物。他誦出大圓滿的六百四十萬頌，因而成為大圓滿法系的第一位人間祖師。於《甯瑪十萬續》中，不少都是他造的頌 —— 或說為金剛薩埵示現，向他傳授的頌。[5]

俱生喜金剛為鄔仗那（Oḍḍiyāna）國王鄔波羅闍（Uparāja）的外孫。鄔波羅闍亦是修密法的瑜伽者，在金剛薩埵（Vajrasattva）一系密法中，亦位於早期祖師之列。

鄔波羅闍的次女名妙法（Sudharmā），未婚即出家為尼修瑜伽。一夜，他忽夢有純白色的人拿着一個水晶瓶，連蓋她的頭頂三次，她只見水晶瓶上有「嗡阿吽梭哈」五個種子字。瓶且放出光明，令她可看到三界。

做夢之後，妙法公主即懷孕，及至誕一男孩，她便令貼

---

5　大圓滿法分三系列傳承。敦珠法王於上引書對此即有詳述。此外，目前正在歐美弘大圓滿法的Namkhai Norbu，於 *Primordial Experience* 一書的〈前言〉中，對此亦有述及。

此三系列傳承，即是 ——

「諸佛密意傳承」（rGyal ba'i dgongs brgyud），此即由法身普賢王如來（Samanthabhadra）傳與金剛手（Vajrapāṇi）、觀自在（Avalokiteśvara）與文殊師利（Mañjuśrī）。其所傳者稱為密續（tantra）。

「持明表義傳承」（Rig 'dzin brda brgyud），即由文殊師利傳與天持明耶舍持護天（Yaśasvī Varapāla）；由觀自在傳與龍持明黑喉龍王（Kālagrīva）；由金剛手傳與藥叉持明普賢（yakṣa Samantabhadra）—— 此外尚有金剛手傳與羅剎持明智慧方便羅剎女（Matyaupāyika）及人持明維摩詰（Vimalakīrti）等五持明的傳承。其所傳者稱為教授（agama）。

「補特迦羅口耳傳承」（Gang zag snyan khung du brgyud），即由金剛手傳與金剛薩埵，再傳俱生喜金剛。其所傳者稱為口訣（upadeśa）。

身女僕將嬰兒棄置於灰堆。過了三日，她去看看嬰兒，只見他安然無恙，於是知道孩子是個有來歷的人，便把他攜回宮中撫養。這嬰兒由是得名「灰堆歡喜生」（Ro langs bde ba）。

及至七歲，孩子要求跟外祖父供養的五百福田學者辯論，鄔波羅闍懷着好玩的心情答應了，誰知這孩子居然辯才無礙，將五百學者一一駁倒。鄔波羅闍異常高興，即賜其名為俱生喜金剛。原來，這孩子早已得金剛手示現灌頂，同時五次面見金剛薩埵，對大圓滿法早已嫻習。是故便能以不落緣起的法義，駁倒五百學者的緣起法。[6]

後來俱生喜金剛到鄔仗那北方的太陽光山，潛修三十二年，於內外密續均得成就，始離開修地往尸林修習。三年後，遇妙吉祥友，遂傳之以密法。據西藏文獻，妙吉祥友追隨俱生喜金剛七十五年，然後才往中國五台山。[7]

---

6 以上資料，取材自敦珠法王同上引書，及 *Lineage of Diamond Light* 與 Tulku Thondup 的 *Buddha Mind* (Ithaca: Snow Lion, 1989)。又據敦珠法王同上引書485頁，鄔波羅闍為維摩詰法系的傳人，所受之法為圓滿次第。是可知俱生喜金剛的家世，與密法實有淵源。

至於俱生喜金剛的出生年代，Tarthang Tulku 於同上引書中亦將之定為西元前55年。

關於密乘傳播的情況，多羅那他的《印度佛教史》，認為密續與大乘經典的傳播應該同時。於龍樹之前，密續亦已大量傳出（見張建木譯，第十三、四章），這便跟過去日本學者靜谷正雄、平川彰、木村泰賢等人的研究結論完全不同。倘如我們將龍樹的活動年代，依通塗的說法定為西元二世紀頃，那麼，據多羅那他之說，密續於西元前後或一世紀時便開始傳播，則正跟鄔波羅闍與俱生喜金剛的活動年代吻合。

7 資料同上引書。於我國歷史中，找不到妙吉祥友在五台山的資料。同樣，其後一位也住五台山的大圓滿祖師吉祥獅子的住山資料也無法找到。更後，有一位于闐國人，法號獅子自在，亦為大圓滿祖師，晚年亦住在五台山，他的年代比較晚，或者希望能在中國佛教文獻中找到他的資料。

## 本頌的法義

　　本頌的梵文本，結構如何，未見記錄。藏文譯本則為每句七音節，除第二句無韻外，其餘各句皆有韻。[8]

　　西藏論師公認本頌屬大圓滿心部。大圓滿法系依修習見地不同，可判別為三部。即心部（sems sde）、界部（klong sde）及口訣部（man ngag sde）。[9]

　　今再略述心部，以明本頌。

　　心部認為，凡夫成佛，須除二障始能成佛。然而卻不等於要從頭生起一新的心性（sems nyid），即此心性能除二障，由是成佛。蓋此心性自無始以來即無變易，由是說心佛眾生無

---

8　這便即是所謂「金剛歌」的形式。必須有韻才能夠歌唱。依西藏文獻記載，密乘祖師唱金剛歌最出名的，即是密勒日巴（Mi la ras pa），他唱出的金剛歌，居然可以結集為《十萬歌頌》。這些歌頌的重要性，詳見《密勒日巴大師全集》（1980年，台北慧炬版），譯者張澄基所述。

　　由印度的祖師開始，以至西藏的祖師，凡修大圓滿或大手印成就者，似乎都喜歡唱金剛歌。這些歌信口唱出，似無嚴整句法結構，實在都有深刻的法義。所以不知者便以為其在可解不可解之間，如呂澂在《印度佛學源流略講》中的批評，即是很典型的，對密乘採先入為主否定態度的意見。這裡可以舉一個例子。以本頌第四句為例，藏文是rnam bar snang mdzad kun tu bzang，依字直解，只是「大日如來、普賢」，似乎只是宣唱兩位佛的名號，而且又唱得欠莊嚴，名號且不完整，那就真的可以像呂澂先生所說，「十分曖昧」了。然而若知密乘的法義，以「大日」為「遍照」，引申為「遍現」，以「普賢」為超越世俗善概念的「無一不善」，那麼，這句歌頌便令人能解，而且能有所體會。此蓋如我國禪宗祖師的「話頭」與「公案」，實不宜稱之為「曖昧」也。如今的繙譯，句義實經重新組織，如上引句，譯為「諸相其遍現，悉名為普賢」。這樣一組織，已實如將祖師的話頭加以解說，雖然他們未必認為須要這樣做。

9　敦珠法王於同上引書〈無上瑜伽差別〉一章，詳論此三部的分別，引述顯密經續甚夥，若提綱挈領而言，則說──

　　心部教授，一切法不落邊際，因諸法與心無二無別。

　　界部教授，一切真實顯現皆離作意，且離對治，因諸顯現皆於普賢佛母（Samantabhadrī）即真實法界中圓滿結集。

　　口訣部教授，諦之特性，本身即離邊際及對治，因其為如實建立。

二。[10]

　　本頌首說一切法的總相與別相。自勝義諦觀之，一切法總相的自性無二；自世俗諦觀之，則一切法的別相萬象紛呈。然而此紛然萬象，卻不待人的分別心加以造作始能呈現，故其呈現雖依心識，但其自性則離一切戲論。[11]

　　復次，於觀察一切法別相時，遠離戲論，即不加以種種分別，與此同時，觀一切法總相自性無二，此種「止觀雙運」的境界，即為「當下即是」（ji bzhin）。然而，「當下即是」卻不是一種可證空性的見地。它只用來形容行者體證時的心識狀態。故本頌次言「雖無一見地，名當下即是」。

---

10　《密集續》（*Guhyasamājatantra*）云：「了一切想皆如幻，即成即壞諸所作，若了罪法非有罪，於其福果亦復然。若了罪福二俱非，彼得趣向菩提行。」（大正・十八，no. 885，頁510c。）

　　這一節偈頌即是上述的意趣，謂清淨光明覺性不因佛與眾生而有變易，是故罪福對之皆無影響，偈頌的意思，絕非撥無因果。如龍樹《中論》（〈觀業品〉）云：「如世尊神通，所作變化人。如是變化人，復變作化人。如初變化人，是名為作者，變化人所作，是則名為業。諸煩惱及業，作者及果報，皆如幻如夢，如炎亦如響。」（大正・三十，no. 1564，頁23b。）變化人作業受果報，看似宛然實有，然而若自世尊觀之，則業的作者（變化人）及其所作之業，悉皆如幻夢炎響，是故即說作者及業皆如幻。

　　《密集續》即是站在世尊的立場來看貪瞋癡等一切罪福，是故謂罪福二果俱非。所謂站在世尊的立場，即是用勝義諦來觀察。若站在變化人的立場來看，則罪福及其果報實有，是則為世俗諦。由是可知大圓滿心部的見地，必須由二菩提心出發。勝義菩提心即勝義諦，世俗菩提心即世俗諦。

11　舉例來說，我們說「業」，業是總相。若言身、語、意，則是業的別相。如是分別觀察。觀察總相，說一切法自性無二。此說於大乘佛教中不起諍論。但若觀察別相，則唯識與中觀有諍（小乘經部與有部亦有諍）。甚至在唯識家中亦有實相與虛相之諍。本頌言「遠離戲論見」，即是說，一切法不待種種分別戲論而成立。此即如《菩提心遍作王本續》（*Kun byed rgyal po*，簡稱《心本續》）云——

　　佛眾生諸相，俱由心性生，若不依此見，不能見如來。

　　說諸法自性無二，為一層次；說一切法俱由心性生，是故離戲論而呈現，又為另一層次。能對此二層次見地於修習時雙運等持，即是心部修持的要義，亦即所謂二菩提心雙運。

　　亦正因諸佛眾生情器世間所顯，不待見地而建立，且其建立悉皆圓滿（無須整治），所以本頌便接着說：「諸相其遍現，悉名為普賢。」普賢，即凡所顯現悉皆圓滿的的意思。但這層意思，實已超越了世俗的善惡區別見。

　　所以依心部見地，若不能見諸法相普賢（或見諸法的普賢相），便即仍有意度，仍有分別。因此也就不能體證「當下即是」的境界。[12]

　　本頌末二句，是對修止觀的具體指示。即云：諸法離作意時，本自圓滿（普賢），若一加作意，便反成過失（由是反不能圓滿）。行者由此即知於修習時如何離作意（而不是在理論上但說離作意），即如何去體證那「當下即是」的「諸法自圓滿，離作意過失」境界。密乘的生起圓滿二次第建立，可以說，只是為了「是於止觀境，住無作而現」的修習，建立實修的前行。是故修大圓滿的甯瑪派，便不同格魯派，只建立生起

---

12　《心本續》有一段偈頌，可說明上述的義理。頌云——

　　　若於無上瑜伽中，仍流因果之意度，則當不識大圓滿。若仍執著二諦見，且作增上與誹謗，則當不知無二義。三世諸佛證一如，所證即不見有二。

　　此中所云「建立與誹謗」，出《楞伽》。對一切法作種種增上，如云有造物主，此即造物主增上，由是墮入常邊。對一切法作種種斷滅，如撥無因果、無輪廻，此即因果誹謗，由是墮斷滅邊。不作增上與誹謗，即無邪見。然而無邪見或知正見，亦僅為認知，必須實修始能得證量。故必須修習二諦雙運的止觀，然後才能證無二的一如。是故一切經論，實從實修出發，非純理論建立。如龍青巴於《法界藏論釋》（*Chos kyi grel ba lung gi gter mdzod*）一頌云——

　　　由聞思修廣大性，我已圓融密續義，由修金剛殊勝道，我造甚深勝義論。

　　即此可見必須由實修去理解，始能得經論的真實義而圓融。流為名相，即多揣度，由是便有增上與誹謗。下頌說止觀，道理即是如此。

及圓滿二次第。[13]

## 大乘佛教發展的討論

　　研究大乘佛教的發展，其實亦不能離開實修的層次。如果
將佛家經典架空，僅視之為理論，那麼，就可能將發展的歷史
弄錯。──除非能夠論定，釋迦當日已是末法時期，有說，無
修，無證。但這卻顯然是謗佛。[14]

　　密乘說，密法的源流很早，早到維摩詰的時代就有，因為
維摩詰即是無上瑜伽密五大持明的人持明。這個說法不能輕率
地將之視為無稽。我們如果客觀地看，應該承認文殊師利菩薩

---

13　上述意趣，由《心本續》的一段偈頌即可窺見。頌云──

　　　當下即是心，是為心證悟。不落見地修，不落見地行。不執所修果，及
　　　次第證量。無壇城生起，無圓滿次第。無咒無灌頂，亦無戒可持。法爾
　　　真實相，超越於因果，亦不假修成。

　　凡夫修道，不能一下手即修空觀，所以便須由世俗相起修。當能見諸相為法
　　爾真實時，自然空觀亦已圓熟。建立修持次第，即基於這個觀點，是故修密
　　的人實在不能關頭就說修大圓滿，必須如實依「九乘次第」修習，而且修一
　　次第還須依此次第的根道果來修，同時還須認識，前一次第的果，即為後一
　　次第的根。這是敦珠法王的口訣，筆者於《四法寶鬘》導讀中，已將其義理
　　加以細說。倘能明白到上述的意趣，那麼，我們應該就可以用實修的觀點來
　　理解此《六金剛句》。不然的話，恐怕便會視之為老生常談，或視之為禪師
　　的話頭。

14　移居加拿大的英國學者渥爾德（A.K. Warder）的《印度佛教史》（*Indian
　　Buddhism*），雖然搜羅研究文獻之功不沒但其結論卻往往主觀，原因即在於
　　他未能從實修的觀點來分析問題。例如他說──

　　　（師子賢與佛智之後）波羅蜜多派的大師們越來越關心金剛乘，我們可
　　　以說是混合主義的發展。（王世安譯，商務版）

　　這個結論，顯然忽略了波羅蜜多派的大師於理論之外還有修持。密乘說龍
　　樹也修密，許多人不信，但如果說龍樹也修止觀，大概便沒有人反對了。
　　然而，為甚麼不能將龍樹所修的止觀，即說成為密法呢？其實，釋尊當日說
　　《觀無量壽佛經》，其「彌陀十六觀」便亦可說為密法，因為即相當於密乘
　　所說的「壇城觀」與「本尊觀」。我們不能只接受「觀情器世間」的說法，
　　而不接受密乘的名相。倘如能將實修這一因素同時考慮，那麼我們就不會將
　　「瑜伽行中觀」看成是「混合主義」。

跟維摩詰同一法趣。因此他們所說的「不可思議法門」，即便是密法，而且還是無上瑜伽密的法門。

道理很簡單，大圓滿心、界、口訣三部的見地，完全與《維摩》以及文殊師利一系列經典合拍。

倘如我們肯承認這點，同時承認有說即有修持。那麼，就不能說於《維摩》以及文殊師利法門經典結集時，沒有相應的修法。這麼一考慮，我們就不能夠光拿着結集出來的大乘經典，便看成是大乘佛教發展的歷史。[15]

---

15 大圓滿不主張離開煩惱來修離煩惱。只須不生分別，視諸法為法爾圓滿顯現，便可以在煩惱中修止觀。這點意趣，跟《維摩》無異，跟文殊師利的意趣亦無異。

我們只想舉一兩個例子。後漢支婁迦讖譯的《佛說阿闍世王經》，公認為早期結集的大乘經典。經中文殊師利化成一佛與諸菩薩及天子眾說法，「其形狀被服如釋迦文佛」。他對問法的波祇槃拘利菩薩說：「如我所作，菩薩當如是住」，然則如何是佛所作呢？文殊言：「亦不從施與，亦不從戒忍辱精進一心智慧」。這即是說不住六波羅蜜多。復言：「亦不作罪，亦不墮罪，亦不所與；亦無所持，亦無所不持；亦不持戒，亦無有戒……。」更言：「如是者諸法無所作無有罪，其法去亦無有作者，無有作罪者。」

以上文殊師利所說的理趣，即與本頌的「諸相其遍現，悉名為普賢」無二。亦與上引《心本續》的「法爾真實相，超越於因果」無二。

還有一本晉竺法護譯的《魔逆經》，波旬來嬈亂，文殊卻將波旬化為佛，讓此化佛為天子眾說佛法。「假使如來與作佛事不為難，魔作佛事斯乃為奇。」

這本經的理趣，顯然便是「即煩惱即菩提」的形象化（魔作佛事）。比較本頌「諸法自圓滿，離作意過失」，便知波旬亦是圓滿的顯現。只不過縛則成魔，不縛則成佛。縛他的無非只是作意。更深地表達這重法義的，則是晉竺法護譯的《如幻三昧經》。會中五百菩薩自知過去世曾犯重罪，因此耽心不能解脫，文殊師竟手持利劍，示現殺佛，以示業報如幻。這重理趣，完全與「魔逆」無二，只不過表達得更加強烈。

蓮花生大士造有一頌，十四世紀時為持明事業洲（Rig 'dzin Karma gling pa, 1356-1405）傳出，筆者已將之繙譯，改題為《大圓滿直指教授》（原名為《藉見赤裸覺性得自解脫》 Rig pa ngo sprodgcer mthog rang grol）。在頌中，蓮花生大士舉出一個很有趣的例子——

　　觀察諸法的生、住、滅，就如有頭烏鴉在凝視着一口井。這時，見烏鴉影子的生與住，但當烏雅飛離井口時，它的影子便同時離開井水，而且永不回頭（再回頭也不是同一影子了）。

由這個例子，我們可以更深刻地理解文殊師利法門的意趣。同時也更能體會，文殊法門即是大圓滿法門，亦即不可思議法門。

倘若承認西元前後即有大圓滿法義的經典，而不承認西元前後即有修大圓滿的行者，實在是不可理解的事。若無上瑜伽真的在西元七世紀後才建立，那麼，豈不是理論與修持足足脫節了六、七百年。所以我們寧可相信甯瑪派的說法，在俱生喜金剛以前，密法每每單傳，而且秘密教授，大圓滿的傳授更加如此。後來隨着大乘經典宏揚，密續始逐漸公開，而俱生喜金剛則傳出大圓滿六百四十萬頌，妙吉祥友將之分為三部，但亦尚未公開傳法。[16]是故若肯承認密乘修習與密續的歷史，那

---

16 對於甯瑪派的密續，即使在西藏亦引起很多懷疑，直至十二世紀，然後才確定他們的教派地位。據《青史》（*Blue Annals*），薩迦班智達慶喜幢（Kun dga' rgyal mtshan, 1182-1251）一直認為甯瑪派的密續靠不住，後來他在香曲河谷一間古寺中，赫然發現甯瑪古續《普巴金剛續》的梵文原本，這古續，甯瑪派認為是蓮花生大士的傳承，而其他教派則不承認，既然發現了梵文原本，薩班因此便不得不對甯瑪派的密續予以重新評價。然而，也不是因為薩班的觀點轉變，薩迦派的人便也完全隨着改變自己對甯瑪派的看法。E.K. Neumaier-Dargyay 在 *The Sovereign All Creating Mind, The Motherly Buddha*（Albany: State University of New York Press, 1992）的導論中便提出過一件史實。布頓（Bu ston rin chen grub, 1290-1364）少年時曾跟他的祖父戒吉祥賢（Tshul khrims dpal bzang po）學習過甯瑪派的《心本續》。但當他編《奈塘目錄》（*sNar thang*）時，卻未將《心本續》編入目錄之內。據考證，是受到當時十三萬戶之一，夏魯（Zha-Lu）王族的壓力。他們是薩迦派的有力支持者。由此可見，直至十四世紀，教派鬥爭仍未止息。在《佛教史大寶藏論》（*Chos 'byung chen mo*）中，布頓有如下的一段說話 ——

關於舊譯的古密典，大譯師仁清讓波（寶賢）、拉喇嘛移喜峨、頗章細哇峨和廓、庫‧巴‧拉等大師，都認為是非正宗的密典。但是我精通繙譯的上師利瑪絳稱和日慈大師等卻說：「曾從桑野寺獲得梵文本，在尼泊爾也曾見過有《金剛橛根本續分品》（引案：即《普巴金剛續》）的梵文原本。」所以這些古密典應是正宗的。（郭和卿譯，民族，一九八六年版）

然而布頓雖然認為甯瑪派所傳的密續正宗，但卻顯然受到很大壓力，所以他說 —— 我認為如果心中罪過自性惡劣，對於合理的密咒，有時也認為是不合理的，何況說對於此類可疑的法典！因此應等捨置之（即未判定好惡之前暫作保留），不生罪過之心為善。否，正法說成非正法，將非正法說成正法，都要遭受同樣的業果。如頌所說：「任一法相分有無，不知未見四種因，分說之口由魔開，謗法罪過佛典禁。」以應等捨置之。然而具有智慧的人們應根據「四依」（即依法不人等四依）和「三種觀察」（性、相、理）來加以考證和鑑別。（同上引書）這一段應該是布頓舒發牢騷的心裡話。我過之後，對甯瑪派古續之受誹謗，當有會心之處。於敦珠法王同上引書（八九一頁）中，亦說 ——

麼，對於大乘佛教發展的問題，實應通盤作重新考慮。目前的研究，實未成為定論。[17]

---

> 鄔金巴寶吉祥（O rgyan pa Rin chen dpal, 1230-1309）云：有等西藏譯師，謂甯瑪派古續非源出於印度，如我的灌頂師卓譯師（Chags lo tsā ba dGra bcom, 1197-1264）即如是說。然而此等譯師未免心胸不廣，如卓譯師僅在東印度小住，是則焉能謂整個印度都無古密續。

這段說話，批評自己的根本上師，對密乘行人來說，是件大事。如果寶吉祥不是為了更重要的論證，等閒一定不會這麼做。

他接着說──

> 在尼泊爾保存着大部份古續的梵文手稿原本。在一間寺院中，則藏有無數甯瑪派的密續。

由此可見寶吉祥正因有所見，然後才會對自己的上師有所批評。

17　許地山《大乘佛教之發展》（收《現代佛教學術叢刊》第九十八冊）一文，對大乘佛教的發展便提了一些與別不同的看法，可惜未受到重視。他有一點論證，相當有力，茲略述如下──

> 約於西元前一三八年，安息王彌特利德提士一世（Mithridates I）東侵鳥弋山離（今阿富汗東南），西至辛頭河流域諸地。由是即將伊蘭文化帶到印度。

在印度本土，與此同時，伊蘭人且曾開國，成立蘇盎伽王朝（Śuṅga一譯巽伽）。由這內外兩重關係，所以許地山認為，大乘佛教的發展，跟伊蘭文化應有淵源。伊蘭文化中的宗教以祆教為主流，所以大乘佛教實在受了祆教思想的影響。對此，他有很詳細的論證。總括來說，則是「已將原來印度的悲觀，變為伊蘭的樂觀了。」許地山的觀點很有啟發性。大乘佛教的常、樂、我、淨，跟小乘的無常、苦、無我、不淨相比，的確可以看成是樂觀與悲觀的對比，而說此如來四果德的，恰恰又是如來藏一系列經典。── 關於如來藏，下文將會論及，他正是大圓滿的思想核心。所以如果把悲觀 ─ 樂觀（如來藏）的轉變聯繫，再聯繫到大圓滿持明維摩詰之名為「淨名」，大圓滿祖師俱生喜金剛及其乳名灰堆歡喜生之以「喜」為名，我們便似乎看到大乘佛教的源頭，是如何地演變出來。

許地山又說，佛徒僧徒北徙闍賓（即在迦濕彌羅的印度河），此是伊蘭和希拉文化薈萃之地，因此「新的環境自然會產生新的教相與教理，這是大乘佛教於初發展時所得底地利。」

我們若留意到密乘祖師以及禪宗祖師都多出身於闍賓，那對許地山的說法便真的不能不留意。

是故大乘佛教發展的歷史，至今或仍是一個新的課題。

筆者有一篇《印度密乘源流考略》（收《佛家經論導讀叢書》第20種，《維摩詰經導讀》附錄。台北：全佛文化，1999），讀者可以參考。

## 如來藏在大乘佛教的地位

如來藏（tathāgatagarbha）是甯瑪派大圓滿的中心思想。蓋大圓滿以「大中觀」（dbu ma chen po）作為見地，而如來藏則是「大中觀」的核心。[18]

甯瑪派所說的如來藏，與漢土所說不同。漢土傳統，視如來藏為本體，甯瑪派則僅視如來藏為境界。[19]

---

18 敦珠法王於上引書中，有專章說中觀宗宗義，筆者已將之譯出。此外，筆者於《維摩經導讀》及《楞伽經導讀》中，對甯瑪派的如來藏思想亦有所闡述。讀者可以參考，即知如來藏與大中觀見的關係。

19 於上引各文中已詳此點。今更可引蓮花生大士的《大圓滿直指教授》中的一頌作為說明 ——

> 覺性的火花一閃，我們即稱之為心，
> 若說它存在，它卻非真實存在，
> 它只是一個源頭，生起一切涅槃樂與一切輪迴苦的分別。
> 由於具有一些見解，它即受寵如在十一乘，
> 於是有種種名相，給它的不同名相實難以計量，
> 有人稱此為心性，
> 有外道稱之為梵我，
> 聲聞眾稱之為無我法，
> 唯識家稱之為識，
> 有人稱之為般若波羅蜜多，
> 有人稱之為如來藏，
> 有人稱之為大手印，
> 有人稱之為無二法界，
> 有人稱之為法界，
> 有人稱之為阿賴耶，
> 亦有人稱之為根本覺性。

於此頌文中，蓮花生大士將「心」的種種名相，大致上依次第由實事執，說至無實事執。即由有實執的「自我」，說至無實執的「根本覺性」。是故如來藏列於般若波羅蜜多之上，即謂如來藏僅為一如智的境界，非如唯識家之執識為體用兼賅。

頌文復說 ——

> 根本覺性離八邊際，如常與斷等。
> 是故我說中道，即不落任何邊際，
> 我說根本覺性即為一心的無間顯現。
> 既然空性充滿此心即是根本覺性，
> 則此便名為如來藏，
> 若能了知此義，即能勝超一切法，
> 則此便名般若波羅蜜多。

此頌明說如來藏為「一心的無間顯現」，當然就不視之為本體。所以印順法師的「真常唯心」說法，便只能破視如來藏為本體的見地，而不能破甯瑪派繼承印度傳統的如來藏見。

　　說如來藏，易令人生困擾的，是「空如來藏」與「不空如來藏」兩個名相。若將如來藏視為本體，空後不空，自然陷入「真常」邊，如印順法師之所破。但若說為境界或相，則非「真常」。

　　甯瑪派視「空如來藏」為諸佛所證的智境，法爾離垢；「不空如來藏」則為此智境自然呈現的大悲顯現，於菩薩的層次亦可說為後德智觀見的識境。[20]

　　大乘經典成立，實在早期時即已說如來藏。如《維摩》，及部份文殊師利法門經典。此等經典，雖未用如來藏這個名

---

20　龍青巴於《大圓滿心性休息大車解》（*rDzogs pa chen po sems nyid ngal gso'i grel ba shing rta chen po*）中，對此有所說明——

　　　一切有情之所以有成佛的功能，是由於他們有兩種「種姓」（rigs）：一為「自性住佛性」（rang bzhin gnas rigs），一為「隨增性」（rgyas gyur gyi rigs）。此二者本來具足。「自性住佛性」為無始以來，一切有情本具的成佛潛能。「隨增性」則由修離垢而顯露。（上引由筆者撮義。）

　　據《藏漢大辭典》（民族，1993年版）解釋——

　　　隨增性。佛性之依於造作可成佛身者。以聞思修習為緣，造作長養，從而增長廣大之性。

　　據此，一切有情雖具有如來藏亦不能成佛，非經修習不可，以隨增性故。所以我們不妨把隨增性看成是，將凡夫心態改變為菩薩心態的機理。亦即將阿賴耶識改變為空如來藏的機理。唯此改變，卻不同唯識家所說的「轉識成智」。隨增性起用，令自性住佛性從而發揮功用，係「當下」而起，且亦非由轉而成。

　　《藏漢大辭典》解釋說——

　　　自性住佛性。一切有情可以成佛或成就自性身依住之處，即染污心的真知法性。

　　這即是說，此隨增性與自性住佛性二份，才等如「如來藏」。也可以說，建立此二份，實為如來藏作機理分析。至於如來藏的四果德（常、樂、我、淨），亦只指佛的本能，非指本體。

相，唯理趣則一致。[21]至於《勝鬘》，則提出更圓滿、更明顯
的如來藏定義。[22]

在《大寶積經》中，肯定說一切有情皆能成佛，且言是
「陀羅尼門」。[23]《楞伽》中佛說百八句義，即說如來藏離一

---

21　如《維摩詰所說經》——

於是維摩詰問文殊師利，何等為如來種。文殊師利言：有身為種、無明
有愛為種、貪恚癡為種、四顛倒為種、五蓋為種、六入為種、七識處為
種、八邪法為種、九惱處為種、十不善道為種。以要言之，六十二見及
一切煩惱，皆是佛種。（大正・十四，no.475，頁549a-b。）

此處之所謂「如來種」，梵文為 tathāgatagotra。藏文對譯為 de bzhin gshegs
pa rigs。用rigs來對譯gotra，即「種姓」的意思。然而這卻實非說家族之類
的種姓，而是指類別。如言「大乘種姓」，即指堪能修習大乘這類別的有
情，所以，「如來種姓」，即指堪能成佛這類別的有情。由此可見，「如來
種」便即是如來藏，因為「六十二見及一切煩惱皆是佛種」，便即是說，邪
見及煩惱皆為如來種姓，這正是如來藏思想的精要，也即是大圓滿「種種法
總相，自性皆無二；種種法別相，遠離戲論見。」至於文殊師利法門的一系
列經典，同此理趣，則已見前說。

22　《勝鬘師子吼一乘大方便方廣經》的〈如來藏章第七〉說 —— 如來藏者，
是如來境界（大正・十二，no. 353，頁221b。）

〈空義隱覆真實章第九〉說 —— 世尊，如來藏智是如來空智。……世尊，
有二種如來藏空智。世尊，空如來藏若離若脫若異一切煩惱藏。世尊，不空
如來藏，過於恆沙不離不脫不異不思議佛法。（大正・十二，no. 353，頁
221c。）

所引兩段經文，前者明說如來藏是如來境界。足知藏密所傳，如來藏並非本
體，實有所據。後者則說如來藏為「如來空智」，空智當然亦非本體。大圓
滿之修止觀離垢，證空如來藏，即是證如來空智。證智便不能說是本體的實
執。密乘謂「即身成佛」，其理趣應即在此。

23　《寶積》〈菩薩見實會第十六・四轉輪王品第二十六之二〉，言淨飯王問佛
的對話，實即如來藏思想的發揮。

經文言 ——

大王，何謂佛法？大王，一切諸法皆是佛法。

爾時淨飯王聞此語已，即白佛言：若一切法是佛法者，一切眾生已應是
佛。

佛言：若不顛倒見眾生者，即是其佛。大王，所言佛者，如實見眾生
也。如實見眾生者即是見實際。實際者，即是法界。大王，法界者不可
顯示，但名但俗，但是俗數，但有言說，但假施設，應如是觀。大王，
一切法無生，此是陀羅尼門。何以故？此名陀羅尼門，於此一切法無動
無搖，無取無捨，是名陀羅尼門。（大正・十一，no. 310，頁432c。）

切邊見。此即如來藏義，亦即《寶積》所謂一切法無生的陀羅尼門。[24]

## 密乘與漢土禪宗

本節文章純屬推測，提出值得思考的問題，因為漢土禪宗自達摩以上的祖師資料，頗多疑問，是故很難作實際推斷。

甯瑪派的大圓滿，在西藏曾受其他教派為難，如前述薩迦派即曾對大圓滿致疑，格魯派則表面上保持中立，但他們僅建立生起圓滿二次第，便即等如對大圓滿否定。這些宗派致疑大圓滿，部份原因即認為大圓滿等同漢土的禪宗。這種情形，應

---

佛言法界但為假名，但為俗諦，顯然便不宜以本體論來破如來藏。也可以反過來說，如來藏非本體，且屬假名。至於無動無搖，無取無捨，則正為不受世間煩惱所染的意思。名為陀羅尼門，佛法爾得陀羅尼門，菩薩則須修習，令心識不受污染，此修習便亦可名為陀羅尼門。為甚麼說如來藏亦是假名呢？因為一生實執，即不能離邊際見。大圓滿的修習即離一切邊際。見前引蓮花生大士的偈頌。

24　關於這點，筆者有《楞伽經導讀》一文。在文章中，筆者認為《楞伽》全經說如來藏。其正宗分可判為三科 —— 說如來藏；說修離垢證如來藏；說證如來藏後的心識相。這個觀點，即由修大圓滿時悟出，自覺尚能成理。

至於《楞伽》提出的「如來藏藏識」，筆者認為此即中道，亦即「大中觀」。觀中道即是離兩邊，然而要離兩邊卻必須認識兩邊，如來藏是一邊，藏識又是一邊，所以說「如來藏藏識」。

其實筆者還有一點實修時的體會。唯識將心識狀態分析得那麼細緻，並非針對一般凡夫而建立，而是為修止觀的人，建立種種微細心識境界。唯識建立的心所，有勝解、念、定、慧、信、精進、慚、愧、無貪、無瞋、無癡、輕安，以至昏沉、掉舉、不信、懈怠、散亂等，其實無一不是修止觀時所生的心識狀態。近世唯識學者多未指出這點，即是因為理論與實修脫節之故。

猶記一九九三年五月，筆者自夏威夷出關，赴加拿大咸美頓（Hamilton）訪當代唯識大師羅時憲教授，相談數小時，其時羅公尚未示疾，談興甚歡，筆者提出鄙見，羅公沉思有頃，擊節稱賞。不圖羅公旋即示疾，尋且往生，人琴之悲，不勝哀思。

該說甯瑪派的大圓滿與禪宗必有交涉。[25]

　　在密乘初入藏土時，印度論師與漢僧摩訶衍曾有諍論。法國漢學家戴密微（Paul Demiéville, 1894-1979）曾著《吐蕃僧諍記》詳論其事。主要所據文獻為發現於敦煌的抄本，題名王錫所撰的《頓悟大乘正理決》。此諍議為時頗久，起初，說一切有部的論師與摩訶衍諍論，不勝，於是藏王不得已只好讓摩訶衍繼續傳法，後來蓮花戒（Kamalaśīla）入藏，以「修習次第」諍勝，由是摩訶衍所傳的禪宗遂於藏土消失。因為有這一段歷史，所以西藏諸宗派皆忌諱禪宗。[26]

　　然而達摩重視《楞伽》，以之付法與慧可，由是成立楞伽宗。藏密大圓滿亦以《楞伽》為基礎經典，可以說，二者的見

---

25　《土觀宗派源流》論甯瑪派的大圓滿時，曾作如下的「略加觀察」——

　　（於略述藏密諸師對大圓滿致疑之後，接着說）覺丹・索南倫朱（福頓成）所造《宗喀巴大師廣傳》中說：「曾有人提出大圓滿見是否純正，請問於宗師。」師答說：「雖屬純正，但後來有一些淺薄的人，純以己意摻雜其中。」

　　是故土觀認為 —— 現存大圓滿見所有說法，大多含有混雜，但不敢說此見即為邪見。　不過這樣高深之見，是蓮花生大師等諸大師來藏時，正值時機很好，眾生根基極高，觀察機宜，隨順而設。現在眾生根基很差，若仍宣說此見，不但無利，反而有害。（劉立千譯，慈慧版）

　　由土觀的觀點，足見格魯派的態度，既不能否定，亦不肯承認，這完全是宗喀巴以中觀應成派為最高了義抉擇之故。作此抉擇，則是因為有不能承認如來藏的苦衷——

　　第一，當時跟格魯派競勝的覺囊派，既修時輪法，亦說如來藏，格魯派對如來藏說便有避忌。

　　第二，大圓滿修習的下根增上法，涉及貪道，即雙修法，此法為格魯派所不採。

26　實際上禪宗的見性，並不等同大圓滿。依西藏一些論師的看法，如眾自解脫（sNa tshogs rang grol）於《眾自解脫正法集》（Chos tshul sNa tshogs las brtsams te）中說，禪宗且屬大圓滿的「顛倒」。所謂「顛倒」，是指將大圓滿歷各前行次第後的「無修」，作為劈頭就修的道，前後倒置，故謂之顛倒。

地實在相同。那麼，當日達摩是否真如後代的禪宗，無修習次第，只參話頭呢？這實在可以致疑。[27]

禪宗祖師有數位出身於罽賓（即迦濕彌羅，今之克什米爾），而密乘大圓滿祖師亦多出身於此。是則二者淵源，頗為值得研究。[28]

## 後記

譯《六金剛句》竟，因為稽鉤本頌的歷史，以及對其法義略作詮釋，由是遂聯想到關於西藏密宗甯瑪派的一些問題，由是草成本文，將若干問題提出。

---

27　呂澂《中國佛學源流略講》第七講中說 —— 達摩提出壁觀方法，也有其來源。印度瑜伽禪法的傳授南北本有不同。南方禪法通用十遍處入門，開頭是地遍處，這就有面壁的意味。—— 因為修地遍處觀地的顏色，必須先畫成一種標準色的曼陀羅（壇），作為觀想的對象。從此產生幻覺，對一切處都看成這種顏色。我國北方的土壁，就是一種標準的地色，當然可以用它代替曼陀羅。達摩的「面壁」，或者即為這種方法的運用亦未可知。（《呂澂佛學論著選集》第五卷。齊魯，1991年版）

　　呂澂的觀點，即謂達摩本人亦有修習止觀。這個可以同意。然而若謂達摩面壁九年全修地遍處觀則不可信。譬如說，密乘修大圓滿妥噶（thod rgyal），亦須面壁觀光明，故由呂澂的啟發，我們可以籠統地說，達摩面壁必有止觀次第的修習。我們還可以大膽一點提出一個假設，世傳達摩有《洗髓經》與《易筋經》傳世，亦不可完全以悠謬視之。此或有如藏密大圓滿一系所授的「金剛拳」；大手印一系所授的「那洛巴六種拳法」與「亥母拳」，皆為修止觀次第所須。

28　《景德傳燈錄》記禪宗第二十四祖師子比丘、第二十五祖婆舍斯多，皆為罽賓國人。

　　羽溪了諦《迦濕彌羅國之佛教》一文引慧觀《修行地不淨觀經序》，討論達摩之前的迦濕彌羅國佛教狀況，認為對我國禪法實有影響。迦濕彌羅之「第一教首」為富若密羅（Puṇyamitra），其弟子為富若羅（Puṇyara）為其副座，繼之者則為曇摩多羅（Dharmatrāta）與佛陀斯那（Buddhasena，即佛大先）。（《現代佛教學術叢刊，第八十冊》）

　　按：慧觀的說法係據其師佛馱跋陀羅（Buddhabhadra，即覺賢）所說，而佛馱跋陀羅則為佛大先的弟子，故慧觀所記，當屬可信。是則禪宗跟罽賓關係之深可想而知。罽賓盛行密法，於西元二世紀前尤盛，若謂禪密二宗毫無交涉，很難理解。

此中關於如來藏思想，實為一重要的問題。由於藏傳的如來藏說不同於漢土的如來藏說，而且亦非如有些學者所說，為「後期如來藏思想」，因此便藉本頌的譯出，提出討論。

這個討論，又牽涉到大乘佛教的發展歷史，尋且旁及禪宗，可謂牽涉愈深愈廣。筆者淺陋，且限於資料，因此只能就提出的問題略抒己見。尚望大德學者予以深入討論，則或可將目前對大乘佛教發展的研究，推進一步。

於翻譯時，本來聯想到一個問題，但卻未在文章中說出，然而亦值得一提：

密續實在可以分成兩類，即「續部」與「修部」。續部所傳即通稱密續，修部所傳則為實際修習儀軌，一般不予公開，僅由上師傳與弟子。這個情形，至今仍然未變。而續部所傳，則為法義與見地，完全未涉及具體實修。如今在《大正藏》中，可以見到一些事續、行續以及瑜伽續的實修儀軌，在《西藏大藏經》的《丹珠爾》部份亦有若干實修儀軌，看來似已將修法公開，其實不是，因為所公開的尚未完整，必須待上師口頭補充才能修法。由此可見密乘對修部密續公開的慎重。

倘如瞭解到這個情形，那麼，就更不能將續部傳出的時代，即視為密法建立時代。可以說，一定先有修部的儀軌，然後才有密續加以詮釋。因為不可能架空出一密續，然後才根據它來訂定一套修習的程式。研究大乘佛教傳播發展，一定要瞭解這個情況。若本末倒置，僅據續部流傳來說密乘建立，恐怕便難得真相。

願以此少份功德，對如今有意學大圓滿法卻未得大圓滿見

的人回向，俾能依循正法，得自解脫。

一九九五年二月於圖麟都荊山關房

# 《六金剛句》說密

| | |
|---|---|
| 種種法總相 | 自性皆無二 |
| 種種法別相 | 遠離戲論見 |
| 雖無一見地 | 名當下即是 |
| 諸相其遍現 | 悉名為普賢 |
| 諸法自圓滿 | 離作意過失 |
| 是於止觀境 | 住無作而現 |

　　《六金剛句》是大圓滿道人間祖師俱生喜金剛的歌讚，筆者於1995年譯出，並寫「《六金剛句》說略》」一文狗尾逐貂，當時因尚未介紹大圓滿道的如來藏教法，所以未將全頌依密義解說。現在寫成這篇文字，讀者倘如讀過筆者談大圓滿與如來藏的作品，便當知道，這篇讚歌實在是對觀修大圓滿道作出開示。

　　這篇讚歌實在難譯，因為是讚歌，所以要押韻，筆者亦已盡量做到，正因為要照顧到音韻，所以便要照顧到節拍，因此筆者用十個字來譯一句，十個字又可以分為兩句，每句之間即是節拍的停頓，習慣於譯五字、七字一句的人，可能以為筆者六句譯成十二句不合法，其實只須要將全首讚歌頌讀一次，便應知道筆者的處理手法。再者，讚歌原文含意濃縮，倘如直譯成漢語，可能文法不通，或者牽強，那就有失讚歌的風格，所以筆者全部改為意譯，而且是依筆者所知的密意而譯，現在就解釋一下這些密意。

## 1　種種法總相　自性皆無二

本頌由說諸法總相開端，現在說一切諸法，其含意是一切時空世間的種種諸法，是即周遍時空而說，因為如來法身功德周遍時空，亦即如來法身周遍時空，所以不能將「種種法」只理解為我們這個世間的諸法。

依如來藏見地，一切諸法都在如來法身上生起，這如來法身只是一個境界，深刻一點來說，那便是佛內自證智的境界，關於這個境界，在《入楞伽經》及《寶性論》中都已細說。正因如此，所以一切諸法的總相，便依如來法身為自性，這即是佛在《大寶積經‧無邊莊嚴會》中之所說，一切諸法都以如來法身的本性為自性，由是即可說一切諸法自性無二，而且諸法自性亦與如來法身的本性無二，所以便說，「種種法總相，自性皆無二」，如果我們將「自性」一詞依通行的解釋，認為是「緣生性空」的「自性空」，那就大錯，結果便將一切法歸為心識的境界，這就跟如來法身毫無關聯，如是即不能稱為「見地」。

## 2　種種法別相　遠離戲論見

我們對種種法的認知，都依戲論而成立，所以對一切諸法的性與相，便必須遠離戲論始能見知。倘若不能見知，那麼，即使精勤觀修，遍讀經論，必定依然不能得覺，因為所知所證完全是心識邊的戲論與分別。

依佛的了義經，如《密嚴經》、《入楞伽經》等，都顯示學佛行人的知見，必須與佛關聯，若無關聯，那便變成是有戲論分別的哲理，完全與成佛無關，是故落於心識戲論分別的

範疇，便連資糧道都不能完成。

這句頌文，斬釘截鐵地作出決定：由遠離戲論而見種種
法別相。於此時，即能離能所、離分別、離戲論，那才是隨順
如來法身的法行。釋尊說諸法虛幻，用意即在離戲論分別，既
然知道虛幻，那就當然不會將成立虛幻的戲論與分別看成是教
法，並依此成立見地。今人若說「因為緣生，所以性空」，便
正是落在「緣生」這個戲論分別中。這些人如果不知道龍樹怎
樣來說「緣生」，怎樣來說「性空」，現在恰恰就有一本書可
以介紹給他們，那就是邵頌雄著譯的《龍樹讚歌集密意》，倘
如要如實理解龍樹，非看本書不可，若能理解龍樹，便知道為
甚麼「種種法別相，遠離戲論見」。

### 3　雖無一見地　名當下即是

行人修證，其證悟時，可以說「當下即是」，但「當下
即是」並不是一個見地，只是形容證悟時的剎那悟入，那是狀
態、那是心境。

《心本續》有偈頌說 ——

> 當下即是心，是為心證悟。不落見地修，不落見地
> 行。不執所修果，及次第證量。無壇城生起，無圓
> 滿次第。無咒無灌頂，亦無戒可持。法爾真實相，
> 超越於因果，亦不假修成。

由這句偈頌，便可知道「當下」只是心的證悟，行者的
證悟須「不落見地修，不落見地行，不執所修果，及次第證
量」，這是四個不落不執，是故認「當下」為見地，那便容易
犯錯，因為他們的當下，很可能是依見、依證量而當下，那就

不能悟入法爾真實相。所以這句偈頌鄭重指出，不能以「當下」為見地來證悟種種法，要證悟，那便須要知道如來藏的觀修。

凡夫修道，不能一下手即修空觀，必須由世俗相起修，因此才有本句偈文來作指示。

## 4　諸相其遍現　悉名為普賢

前面已經說過，一切諸法都在如來法身上生起，其生起說為「隨緣自顯現」。

諸法如何隨緣自顯現呢？那即是佛家經論所說的「任運圓成」，也即是甯瑪派秘傳的「相礙緣起」、薩迦派所傳的「五緣生道」。所謂「任運」，可以理解為適應，一種法能成顯現，必須適應種種局限，這些局限便是相礙，例如成立一個人，便須要他適應地球的空氣、地球的食物、地球的生態，如是種種局限無法全部都說出來。倘如成立螞蟻的顯現，那便要適應種種螞蟻所須要適應的局限，每種事物都定義如此，一根草、一塊石頭，它的顯現都是對局限的適應。有甚麼局限便適應甚麼局限，便稱為「任運」，由任運其顯現得以「圓成」。

密乘將普賢王如來表義為方便，那便即是法界的方便，任運圓成即依法界方便，因為法界給了他們生機，而且使他們能成區別。一根草不同別一根草、一個人不同別一個人，所以一切事物的圓成，便可以統攝為「普賢」，即是統攝入法界方便，依如來藏來說，那便是統攝入如來法身功德，亦即是十波羅蜜多的方便波羅蜜多。

## 5　諸法自圓滿　離作意過失

由上所說，即知任運圓成便是「諸法自圓滿」，其任運不依作意，沒有一種力量可以作意顯現一種法，即使天神亦不能。倘如落於造物主的層次，那便只能觀修造物主的法，我們同情他們的建立，但這並不是我們所依的見地，我們所知的諸法實相，是「隨緣自顯現」，其顯現如幻，但不因如幻就加以否定，一如我們處身於電視螢光屏中，就不能否定螢光屏中的人與物，甚至不能否定螢光屏所表達的概念與思想。由是即知，落於作意來看一切諸法，是無可救藥的過失，是故當離。

## 6　是於止觀境　住無作而現

我們於觀修時，不能依作意而成止觀的所緣境。敦珠法王曾經指出，大圓滿道的要義即是無作意，他解釋大圓滿三部，其說如下 ——

> 心部教授，一切法不落邊際，因諸法與心無二無別。
>
> 界部教授，一切真實顯現皆離作意，且離對治，因諸顯現皆於普賢佛母即真實法界中圓滿結集。
>
> 口訣部教授，諦之特性，本身即離邊際及對治，因其為如實建立。

詳察此三部教授，都可以說是離作意的教授。心部不落邊際，當然離作意；至於界部，更明說皆離作意，且離對治。

　　由上來所說的密意，即可清楚地理解甯瑪派的教法。知此密意時，行者便依此讚歌來作觀修時的指導，讚歌的用意，正在於給行人讚唱。祖師留下這篇讚唱，我們應當感恩。

印　印　印！　吉祥！

2016年歲次丙申，春三月於圖鄰都，寫時對敦珠法王不勝懷念。無畏記

# 離・言・叢・書・系・列

## 《解深密經密意》 談錫永著 定價390元

密義的意思就是語言之外所含之意，沒有明白地講出來，
他雖然用語言來表達，但讀者卻須理解言外之意。
本經既稱為「解深密」，也就是說，根據本經之所說，就
能得到佛言說以外的密意。

## 《無邊莊嚴會密意》 談錫永著 定價190元

《大寶積經・無邊莊嚴會》是說陀羅尼門的經典，可
以將其視為釋迦演密法，故亦可以視其為密續。
全經主要是說三陀羅尼門──無上陀羅尼、出離陀羅
尼、清淨陀羅尼，依次攝境、行、果三者。

## 《如來藏經密意》 談錫永著 定價300元

《如來藏經》說眾生皆有如來藏，常住不變，然後用九
種喻說如來藏為煩惱所纏，是故眾生不自知有如來藏。
這是如來藏的根本思想。由此可將一切眾生心性的清淨
分說為如來藏，雜染分說為阿賴耶識。

## 《勝鬘師子吼經密意》 談錫永著 定價340元

本經對如來藏的演述，是由真實功德來建立如來藏，因
此便很適應觀修行人的觀修次第。
欲入一乘，欲觀修如來藏，須先由認識如來真實功德入
手，這是觀修的關鍵。勝鬘說三種人可以領受如來藏，
便即是依其是否能領受如來真實功德而說。

## 《文殊師利二經密意》 談錫永著 定價420元

文殊師利菩薩不二法門有眾多經典，現在先選出兩本詮
釋其密意。所選兩經為《文殊師利說般若會》及《文殊
師利說不思議佛境界經》。選這兩本經的原故，是由於
兩經所說彼此可以融匯。

## 《龍樹二論密意》　談錫永著　定價260元

本書特選出龍樹論師《六正理聚》中《六十如理論》及
《七十空性論》兩篇，加以疏釋，用以表達龍樹說「緣
起」、說「性空」、說「真實義」、說「法智」，以至
說「無生」的密意。

## 《菩提心釋密意》　龍樹論師造　邵頌雄譯　談錫永疏
定價230元

本論專說菩提心，立論點即在於如何次第現證勝義菩提
心以及建立世俗菩提心。於前者，及涉及觀修次第，而
不僅是對勝義作理論或概念的增上。

## 《大乘密嚴經密意》　談錫永著　定價360元

《大乘密嚴經》的主旨其實很簡單：阿賴耶識即是密嚴
剎土。所謂密嚴剎土，即是如來法身上有識境隨緣自顯
現，將法身與識境連同來說，便可以說為密嚴剎土。這
時，自顯現的識境便是法身上的種種莊嚴。

## 《龍樹讚歌集密意》　談錫永主編　邵頌雄著譯
定價490元

本書說龍樹讚歌，亦總說龍樹教法之密義。龍樹的「讚
歌集」，於印藏兩地的中觀宗都深受重視，並視之為了
義言教，唯此等讚歌，大都從未傳入漢土。本書將其中
八種，譯為漢文，並據此演揚龍樹教法密義。

## 《大圓滿直指教授密意》　談錫永譯疏　定價300元

本書收入蓮花生大士《大圓滿直指教授》說及觀修的密
意，為此叢書補充唯說見地的不足，亦收入談錫永上師
《心經頌釋》，補足蓮師一篇所未說的前行法，兩篇由
談上師闡其密義。

# 全佛文化圖書出版目錄

## 洪老師禪座教室系列

- [ ] 靜坐-長春.長樂.長效的人生 　200
- [ ] 放鬆(附CD) 　250
- [ ] 妙定功-超越身心最佳功法(附CD) 　260
- [ ] 妙定功VCD 　295
- [ ] 睡夢-輕鬆入眠・夢中自在(附CD) 　240
- [ ] 沒有敵者- 　280
  　強化身心免疫力的修鍊法(附CD)
- [ ] 夢瑜伽-夢中作主.夢中變身 　260
- [ ] 如何培養定力-集中心靈的能量 　200

## 禪生活系列

- [ ] 坐禪的原理與方法-坐禪之道 　280
- [ ] 以禪養生-呼吸健康法 　200
- [ ] 內觀禪法-生活中的禪道 　290
- [ ] 禪宗的傳承與參禪方法-禪的世界 　260
- [ ] 禪的開悟境界-禪心與禪機 　240
- [ ] 禪宗奇才的千古絕唱-永嘉禪師的頓悟 260
- [ ] 禪師的生死藝術-生死禪 　240
- [ ] 禪師的開悟故事-開悟禪 　260
- [ ] 女禪師的開悟故事(上)-女人禪 　220
- [ ] 女禪師的開悟故事(下)-女人禪 　260
- [ ] 以禪療心-十六種禪心療法 　260

## 密乘寶海系列

- [ ] 現觀中脈實相成就- 　290
  　開啟中脈實修秘法
- [ ] 智慧成就拙火瑜伽 　330
- [ ] 蓮師大圓滿教授講記- 　220
  　藏密寧瑪派最高解脫法門
- [ ] 密宗的源流-密法內在傳的密意 240
- [ ] 恆河大手印- 　240
  　傾瓶之灌的帝洛巴恆河大手印
- [ ] 岡波巴大手印- 　390
  　大手印導引顯明本體四瑜伽
- [ ] 大白傘蓋佛母-息災護佑行法(附CD) 295
- [ ] 密宗修行要旨-總攝密法的根本要義 430
- [ ] 密宗成佛心要- 　240
  　今生即身成佛的必備書
- [ ] 無死 超越生與死的無死瑜伽 200
- [ ] 孔雀明王行法-摧伏毒害煩惱 260
- [ ] 月輪觀・阿字觀- 　350
  　密教觀想法的重要基礎
- [ ] 穢積金剛-滅除一切不淨障礙 290
- [ ] 五輪塔觀-密教建立佛身的根本大法 290
- [ ] 密法總持-密意成就金法總集 650
- [ ] 密勒日巴大手印- 　480
  　雪山空谷的歌聲，開啟生命智慧之心

## 其他系列

- [ ] 入佛之門-佛法在現代的應用智慧 350
- [ ] 普賢法身之旅-2004美東弘法紀行 450
- [ ] 神通-佛教神通學大觀 　590
- [ ] 認識日本佛教 　360
- [ ] 華嚴經的女性成就者 　480
- [ ] 準提法彙 　200
- [ ] 地藏菩薩本願經與修持法 　320
- [ ] 仁波切我有問題- 　240
  　一本關於空的見地、禪修與問答集
- [ ] 萬法唯心造-金剛經筆記 　230
- [ ] 菩薩商主與卓越企業家 　280
- [ ] 禪師的手段 　280
- [ ] 覺貓悟語 　280
- [ ] 蓮花生大士祈請文集 　280

## 女佛陀系列

- [ ] 七優曇華-明末清初的女性禪師(上) 580
- [ ] 七優曇華-明末清初的女性禪師(下) 400

## 禪觀寶海系列

| | |
|---|---|
| ☐ 禪觀秘要 　　　　　　1200 | ☐ 首楞嚴三昧- 　　　　　　420<br>　降伏諸魔的大悲勇健三昧 |

## 高階禪觀系列

| | |
|---|---|
| ☐ 通明禪禪觀- 　　　　　　200<br>　迅速開啟六種神通的禪法 | ☐ 三三昧禪觀- 　　　　　　260<br>　證入空、無相、無願三解脫門的禪法 |
| ☐ 十種遍一切處禪觀- 　　　280<br>　調練心念出生廣大威力的禪法 | ☐ 大悲如幻三昧禪觀- 　　　380<br>　修行一切菩薩三昧的根本 |
| ☐ 四諦十六行禪觀- 　　　　350<br>　佛陀初轉法輪的殊勝法門 | ☐ 圓覺經二十五輪三昧禪觀- 　400<br>　二十五種如來圓覺境界的禪法 |

## 虹彩光音系列

| | |
|---|---|
| ☐ 現觀中脈 　　　　　　　250 | ☐ 妙定功法 　　　　　　　250 |
| ☐ 草庵歌 　　　　　　　　250 | ☐ 蓮師大圓滿 　　　　　　260 |
| ☐ 阿彌陀佛心詩 　　　　　250 | ☐ 冥想・地球和平 心詩 　　280 |

## 光明導引系列

| | |
|---|---|
| ☐ 阿彌陀經臨終光明導引-臨終救度法 350 | ☐ 送行者之歌(附國台語雙CD) 　480 |

## 淨土修持法

| | |
|---|---|
| ☐ 蓮花藏淨土與極樂世界 　350 | ☐ 諸佛的淨土 　　　　　　390 |
| ☐ 菩薩的淨土 　　　　　　390 | ☐ 三時繫念佛事今譯 |

## 佛家經論導讀叢書系列

| | |
|---|---|
| ☐ 雜阿含經導讀-修訂版 　　450 | ☐ 楞伽經導讀 　　　　　　400 |
| ☐ 異部宗論導讀 　　　　　240 | ☐ 法華經導讀-上 　　　　　220 |
| ☐ 大乘成業論導讀 　　　　240 | ☐ 法華經導讀-下 　　　　　240 |
| ☐ 解深密經導讀 　　　　　320 | ☐ 十地經導讀 　　　　　　350 |
| ☐ 阿彌陀經導讀 　　　　　320 | ☐ 大般涅槃經導讀-上 　　　280 |
| ☐ 唯識三十頌導讀-修訂版 　520 | ☐ 大般涅槃經導讀-下 　　　280 |
| ☐ 唯識二十論導讀 　　　　300 | ☐ 維摩詰經導讀 　　　　　220 |
| ☐ 小品般若經論對讀-上 　　400 | ☐ 菩提道次第略論導讀 　　450 |
| ☐ 小品般若經論對讀-下 　　420 | ☐ 密續部總建立廣釋 　　　280 |
| ☐ 金剛經導讀 　　　　　　270 | ☐ 四法寶鬘導讀 　　　　　200 |
| ☐ 心經導讀 　　　　　　　160 | ☐ 因明入正理論導讀-上 　　240 |
| ☐ 中論導讀-上 　　　　　　420 | ☐ 因明入正理論導讀-下 　　200 |
| ☐ 中論導讀-下 　　　　　　380 | |

## 密法傳承系列

| | |
|---|---|
| ☐ 天法大圓滿掌中佛前行講義中疏 680 | |

## 頂果欽哲法王文選(雪謙)

## 幸福地球系列

## 格薩爾王傳奇系列

## 山月文化系列

## 特殊文化之旅系列

## 達賴喇嘛全傳

全套購書85折、單冊購書9折
(郵購請加掛號郵資60元)
全佛文化事業有限公司
新北市新店區民權路95號4樓之1
TEL:886-2-2913-2199
FAX:886-2-2913-3693
匯款帳號：3199717004240
　　　　　　合作金庫銀行大坪林分行
戶名：全佛文化事業有限公司
全佛文化網路書店www.buddhall.com
*本書目資訊與定價可能因書本再刷狀況而有
變動，購書歡迎洽詢出版社。

離言叢書10

# 《大圓滿直指教授密意》

作　　者　談錫永
美術編輯　李　琨
封面設計　張育甄
出　　版　全佛文化事業有限公司
　　　　　訂購專線：(02)2913-2199
　　　　　傳真專線：(02)2913-3693
　　　　　發行專線：(02)2219-0898
　　　　　匯款帳號：3199717004240 合作金庫銀行大坪林分行
　　　　　戶　　名：全佛文化事業有限公司
　　　　　E-mail：buddhall@ms7.hinet.net
　　　　　http://www.buddhall.com
門　　市　新北市新店區民權路108-3號10樓
　　　　　門市專線：(02)2219-8189
行銷代理　紅螞蟻圖書有限公司
　　　　　台北市內湖區舊宗路二段121巷19號（紅螞蟻資訊大樓）
　　　　　電話：(02)2795-3656
　　　　　傳真：(02)2795-4100

初　　版　2016年06月
初版二刷　2018年09月
定　　價　新台幣300元
I S B N　978-986-6936-90-6（平裝）

**版權所有・請勿翻印**

國家圖書館出版品預行編目資料

大圓滿直指教授密意 / 談錫永譯疏
-- 初版.--新北市：全佛文化, 2016.06
面；　公分. －(離言叢書；10)

ISBN 978-986-6936-90-6(平裝)

1.藏傳佛教　2.佛教修持
226.96615　　　　　　105001471

BuddhAll

All is Buddha.

BuddhAll.

BuddhAll